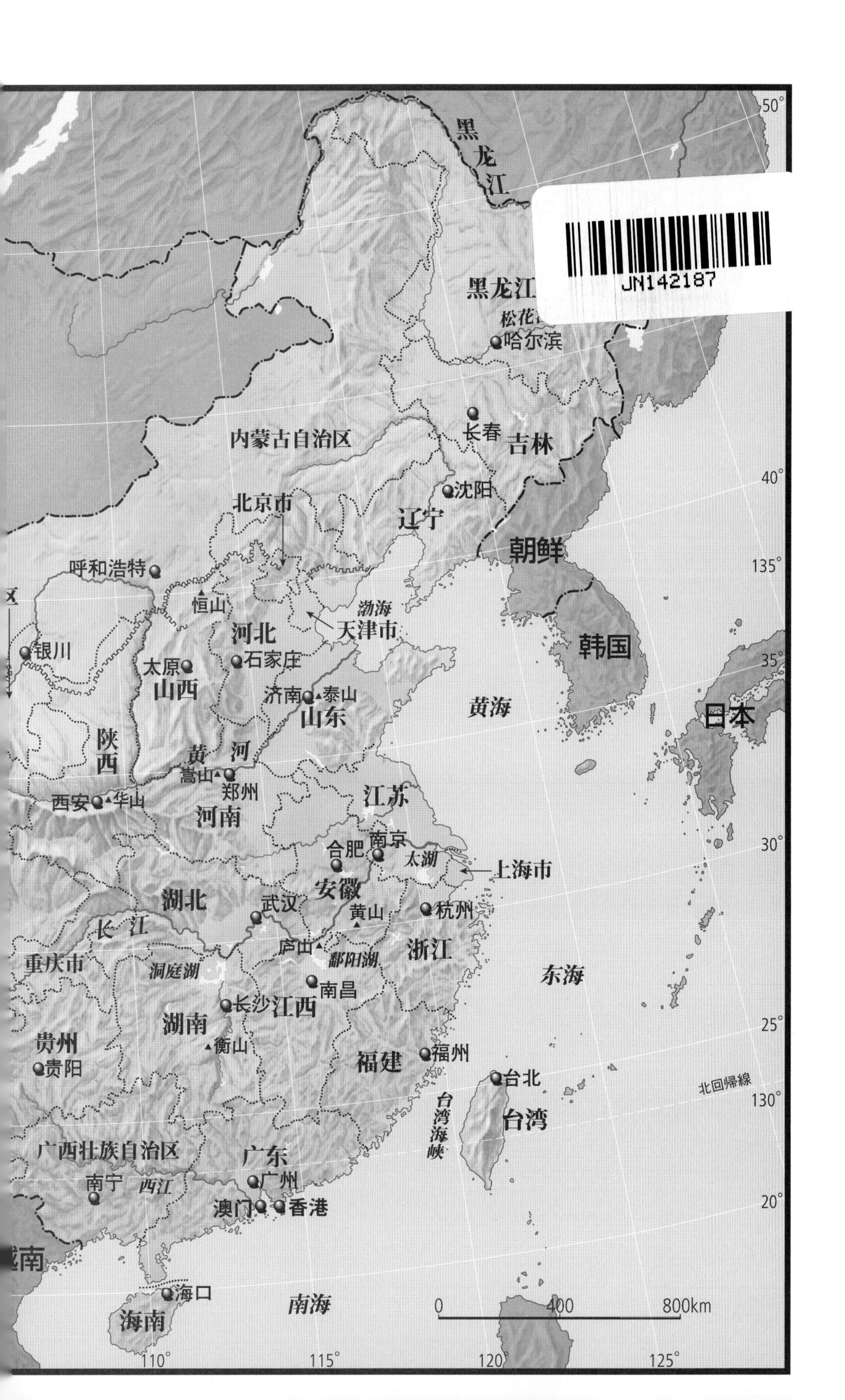

黒龙江
黑龙江
松花江
哈尔滨
长春
吉林
内蒙古自治区
沈阳
辽宁
北京市
朝鲜
呼和浩特
恒山
渤海
天津市
河北
韩国
银川
太原
石家庄
山西
济南
泰山
山东
黄海
日本
陕西
黄河
嵩山
郑州
西安
华山
河南
江苏
合肥
南京
太湖
上海市
安徽
湖北
武汉
黄山
杭州
长江
庐山
鄱阳湖
浙江
重庆市
洞庭湖
东海
南昌
长沙
江西
湖南
衡山
贵州
贵阳
福建
福州
台北
北回帰線
台湾海峡
台湾
广西壮族自治区
广东
广州
南宁
西江
澳门
香港
海口
南海
海南
0
400
800km
50°
40°
135°
35°
30°
25°
130°
20°
110°
115°
120°
125°
JN142187

ペアで学ぼう！中国語

中国語検定準４級対応

虞　萍

朝日出版社

音声ダウンロード

音声再生アプリ「リスニング・トレーナー」(無料)

朝日出版社開発のアプリ、「リスニング・トレーナー(リストレ)」を使えば、教科書の音声をスマホ、タブレットに簡単にダウンロードできます。どうぞご活用ください。

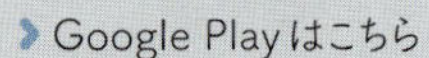

まずは「リストレ」アプリをダウンロード

› App Storeはこちら

› Google Playはこちら

アプリ【リスニング・トレーナー】の使い方

❶ アプリを開き、「**コンテンツを追加**」をタップ

❷ QRコードをカメラで読み込む

❸ QRコードが読み取れない場合は、画面上部に **45308** を入力し「Done」をタップします

QRコードは㈱デンソーウェーブの登録商標です

Webストリーミング音声

http://text.asahipress.com/free/ch/pea

◆本テキストの音声は、上記のアプリ、ストリーミングでのご提供となります。
本テキストにCD・MP3は付きません。

はじめに

本書は、中国語をはじめて勉強し、中国人と簡単なコミュニケーションがとれることを目指す方、中国語検定準4級（あるいはHSK2級）試験に挑戦しようとする方のために作成したものです。編集にあたっては、基本的な文法事項が理解できるように、過去13年（2003-2016年）に行われた計41回の中国語検定準4級試験で出題された内容を参考にして項目を選び、それとともに使用する単語も、中国語検定準4級試験で使用された重要単語を念頭において採用しました。

本書は、「発音」、「日常会話」、「教室用語」、第1-12課、「語句索引」、「付録」から構成されています。各課は、本文、新出単語、文法（3項目）、挨拶表現、練習からなります。巻末の「語句索引」は、中国語検定準4級試験の合格に向けて厳選したものです。学習にあたっては、この「語句索引」を、単語の暗記と応用力の養成に役立ててください。また、本書にはCDを付けています。CDをより多く聞いて、中国語の語感を身につけてください。

資格はすべてではありませんが、近年、社会生活において、有益になる場面が増えています。「資格を取ること」を目標にして学習すると、勉強する意欲をさらに高めることができます。本書を学ぶことを通して、中国語における「聞く」、「話す」、「読む」、「書く」の4つの力を身につけて、中国語検定準4級試験の合格につなげることができるならば幸いです。

なお、本書はセメスター制だけではなく、週2回授業をするクォーター制（1クォーターあたり15回）にも対応しており、次頁にはその授業進度の一例を挙げています。一見すると、セメスター制の進度と大差ないように思われるかもしれませんが、違いは数課ごとに復習、質疑応答の回を設定している点にあります。クォーター制では、セメスター制の半分の期間で同程度の内容を学習するため、学習者は理解が追いつかず消化不良を起こしたり、既習事項が身につかずにすぐに忘れてしまいがちです。そのため、学習内容を復習する時間を授業時間内にも確保することで、知識の定着を図ることが重要と考えました。

本書の作成にあたって、南山大学外国語教育センター及びアジア学科の先生方に大変お世話になりました。ここに記して改めて感謝申し上げます。

2017年11月
著者　虞萍

シラバス例

1学期

第 一 回	イントロダクション、声調、単母音
第 二 回	子音
第 三 回	複合母音、鼻音を伴う母音
第 四 回	数字、声調の変化
第 五 回	ピンイン・発音のまとめ、日常会話、教室用語
第 六 回	第１課　本文、文法、練習Ⅰ
第 七 回	第１課　練習Ⅱ　　第２課　本文、文法
第 八 回	第２課　練習Ⅰ、Ⅱ　第３課　本文、文法
第 九 回	第３課　文法のまとめ、練習Ⅰ、Ⅱ
第 十 回	第１～３課の復習、質疑応答
第十一回	第４課　本文、文法、練習Ⅰ
第十二回	第４課　練習Ⅱ　　第５課　本文、文法
第十三回	第５課　練習Ⅰ、Ⅱ　第６課　本文、文法
第十四回	第６課　文法のまとめ、練習Ⅰ、Ⅱ
第十五回	第４～６課の復習、質疑応答

2学期

第 一 回	Q1の復習
第 二 回	第７課　本文、文法
第 三 回	第７課　文法のまとめ、練習Ⅰ、Ⅱ
第 四 回	第８課　本文、文法
第 五 回	第８課　文法のまとめ、練習Ⅰ、Ⅱ
第 六 回	第９課　本文、文法
第 七 回	第９課　文法のまとめ、練習Ⅰ、Ⅱ
第 八 回	第７～９課の復習、質疑応答
第 九 回	第10課　本文、文法
第 十 回	第10課　文法のまとめ、練習Ⅰ、Ⅱ
第十一回	第11課　本文、文法
第十二回	第11課　文法のまとめ、練習Ⅰ、Ⅱ
第十三回	第12課　本文、文法
第十四回	第12課　文法のまとめ、練習Ⅰ、Ⅱ
第十五回	第10～12課の復習、質疑応答

目次

発 音

1 声調

☞ 中国語（「共通語」）の声調は４種類あるので「四声」と言う。そして、一部の漢字には「軽声」がある。

四声

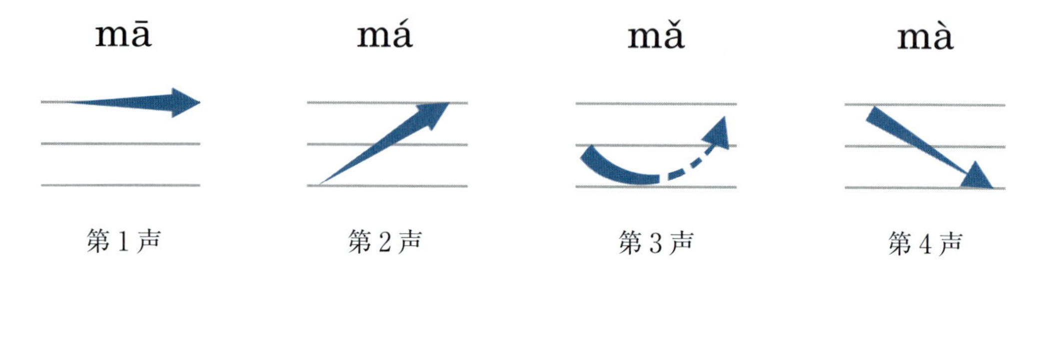

第１声	高く平らにのばす	mā 妈（母）
第２声	一気に引き上げる	má 麻（麻）
第３声	低く抑える	mǎ 马（馬）
第４声	急激に下げる	mà 骂（叱る）

軽声

軽声	軽く短く添える	ma 吗（～か）

馬 ⇒ 马

CD3

2 単母音

a	o	e	i (yi)	u (wu)	ü (yu)	er

a　日本語の「ア」より口を大きく開けて発音する。

o　日本語の「オ」よりもっと唇を丸くして発音する。

e　日本語の「エ」を発音するときの唇の形で、喉の奥で「オ」を発音する。

i　唇を左右にしっかり引き、日本語の「イ」を発音する。

u　日本語の「ウ」よりもっと唇を突き出して発音する。

ü　唇は「u」を発音するときの丸い形で「イ」を発音する。

er　舌をそり上げながら、「e」を発音する。

発音してみよう！　CD4

① é 鹅（ガチョウ）　—　è 饿（空腹な）

② yī 一（一）　—　yí 姨（おば、おばさん）

③ wū 屋（家屋、家。部屋）　—　wǔ 五（五）

④ yú 鱼（魚）　—　yǔ 雨（雨）

⑤ ěr 耳（耳）　—　èr 二（二）

鵞 ⇒ 鹅	餓 ⇒ 饿	魚 ⇒ 鱼

3 子音

	無気音	有気音		
① 両唇音（りょうしんおん）	b(o)	p(o)	m(o)	f(o)
② 舌尖音（ぜっせんおん）	d(e)	t(e)	n(e)	l(e)
③ 舌根音（ぜっこんおん）	g(e)	k(e)	h(e)	
④ 舌面音（ぜつめんおん）	j(i)	q(i)	x(i)	
⑤ そり舌音（じたおん）	zh(i)	ch(i)	sh(i)	r(i)
⑥ 舌歯音（ぜっしおん）	z(i)	c(i)	s(i)	

☞「無気音」は「息を抑え気味にして発音する」音で、「有気音」は「息が強く出る」音である。

☞ そり舌音の“zh・ch”は、舌先を上の歯ぐきより少し奥につける。“sh・r”は、そり上げた舌先を歯ぐきにつけず、少し隙間を残したまま、息を摩擦させて出す。

☞“zh・ch・sh・r”および“z・c・s”の後の“i”は、単母音の“i”とは異なる。

【例外】 口の形は母音の“i”ではない。

zh(i)　舌先を立て、歯茎のやや上に突っかえ棒のようにあて、「ヂ」という。

ch(i)　同上で、息を強く出し閉鎖を破り「チ」という。

sh(i)　同上だが、少し隙間をあけておき「シ」という。

r(i)　“sh”と同じだが、舌先を少し奥にひいて、いきなり喉から声を出し、濁った「り」という。

z(i)　口を左右に引き、舌先が上歯の裏にくるようにし、「グッズ」の「ズ」。息を抑え、あまり濁らず。

c(i)　同上で、息を強くし「ツ」。

s(i)　同上の形で、舌先は歯裏を離れて「ス」。

CD6

	bóbo		pópo		
①	伯伯（おじ、おじさん）	—	婆婆（姑、夫の母）		
	dùzi		tùzi		
②	肚子（腹）	—	兔子（うさぎ）		
	gē		kē		hē
③	歌（歌）	—	棵（～本、木や草を数える）	—	喝（飲む）
	jī		qī		xī
④	鸡（鶏）	—	七（七）	—	吸（吸う）
	zhī		chī		shī
⑤	知（知る）	—	吃（食べる）	—	诗（詩）
	zì		cì		sì
⑥	字（字）	—	次（回）	—	四（四）

▶ピンイン表記上の注意点

(1) “u” ではじまる音 ⇒ “wu” で表す。

(2) “i · ü” ではじまる音 ⇒ “yi · yu” で表す。

(3) “ü” が “j · q · x” と組むとき ⇒ “ju · qu · xu” で表す。

喝 ⇒ **喝**	鶏 ⇒ **鸡**	詩 ⇒ **诗**

4 複合母音

① 前を強く	ai	ei	ao	ou	
② 後ろを強く	ia (ya)	ie (ye)	ua (wa)	uo (wo)	üe (yue)
③ 真中を強く	iao (yao)	iou (you/iu)	uai (wai)	uei (wei/ui)	

☞ “iou・uei” は子音と組むとき、“-iu・-ui” と書き表す。

ei　後続する “i” に引かれ「エ」となる。軽く「イ」を添えて「エイ」。

ie　“e” は “i” に引かれ日本語の「エ」に近くなる。
　　「イ」の構えから「イエ」。

üe　唇をすぼめて「ユエ」。“e” は “ü” に引かれて「エ」になる。

uei　「ウェイ」となめらかに。

声調記号の付け方

(1) “a” があれば “a” の上につける。

pǎo 跑（走る）　piào 票（チケット）

(2) “a” がなければ “o” か “e” の上につける。

duō 多（多い）　tiě 铁（鉄）

(3) “iu” “ui” は後ろの音の上につける。

jiǔ 酒（酒）　shuǐ 水（水）

(4) “i” につけるときは、“i” の上に点はとる。

nǐ 你（あなた）　qí 骑（〈またがって〉乗る）

発音してみよう！

CD9

① bēizi 杯子（コップ） — bèizi 被子（布団）

jiàoshī 教师（教師） — jiàoshì 教室（教室）

máoyī 毛衣（セーター） — màoyì 贸易（貿易）

② xié 鞋（靴） — xiě 写（書く）

xué 学（学ぶ） — xuě 雪（雪）

xuéxí 学习（勉強する） — xiūxi 休息（休憩する）

③ yāo 腰（腰） — yào 药（薬）

yǒu 有（持っている、所有を表す。ある、いる、存在を表す） — yòu 又（また、その上）

shuǐjiǎo 水饺（水ギョーザ） — shuìjiào 睡觉（寝る）

鉄 ⇒ 铁	騎 ⇒ 骑	師 ⇒ 师	貿 ⇒ 贸	習 ⇒ 习	薬 ⇒ 药
餃 ⇒ 饺	覚 ⇒ 觉				

5 鼻音を伴う母音

an	en	ian (yan)	in (yin)	uan (wan)	uen(un) (wen)	üan (yuan)	ün (yun)
ang	eng	iang (yang)	ing (ying)	uang (wang)	ueng (weng)	ong	iong (yong)

発音してみよう！

① tán 谈（話す、語り合う） ― táng 糖（砂糖。あめ玉）

② xiān 先（先に） ― xiāng 香（香りがよい）

③ chuān 穿（着る、履く） ― chuán 船（船）

④ chuāng 窗（窓） ― chuáng 床（ベッド）

⑤ Hányǔ 韩语（韓国語） ― Hànyǔ 汉语（中国語）

⑥ yǎnjing 眼睛（目） ― yǎnjìng 眼镜（メガネ）

“an, ang” “en, eng” “in, ing” のルール

“an, ang” “en, eng” “in, ing” のどちらの発音なのか迷った場合は、その中国語の漢字を日本語で音読みしてみましょう。

もし日本語に「ン」という音が含まれていたら、中国語の発音は “an” “en” “in” になる。

日本語の「ン」と中国語の “-n” には対応関係がある。

fàn 饭（飯）はん ― fàng 放（放）ほう

qián 钱（銭）せん ― qiáng 强（強）きょう

gēn 根（根）こん ― gēng 耕（耕）こう

mén 门（門）もん ― méng 萌（萌）ほう

mín 民（民）みん ― míng 明（明）みょう

yín 银（銀）ぎん ― yíng 迎（迎）げい

談 ⇒ 谈	船 ⇒ 船	韓 ⇒ 韩	語 ⇒ 语	漢 ⇒ 汉	鏡 ⇒ 镜
飯 ⇒ 饭	銭 ⇒ 钱	強 ⇒ 强	門 ⇒ 门	銀 ⇒ 银	

r 化

☞ "r" が接尾辞としてつくことを r 化（"儿化" érhuà）と言う。r 化はもともと北方の話し言葉に多く見られる現象で、一部の単語は共通語にも採用されている。

huā 花（花。使う、費やす）	—	huār 花儿（花）
wán 玩（遊ぶ）	—	wánr 玩儿（遊ぶ）
huà 画（〈絵を〉描く）	—	huàr 画儿（絵）

数字

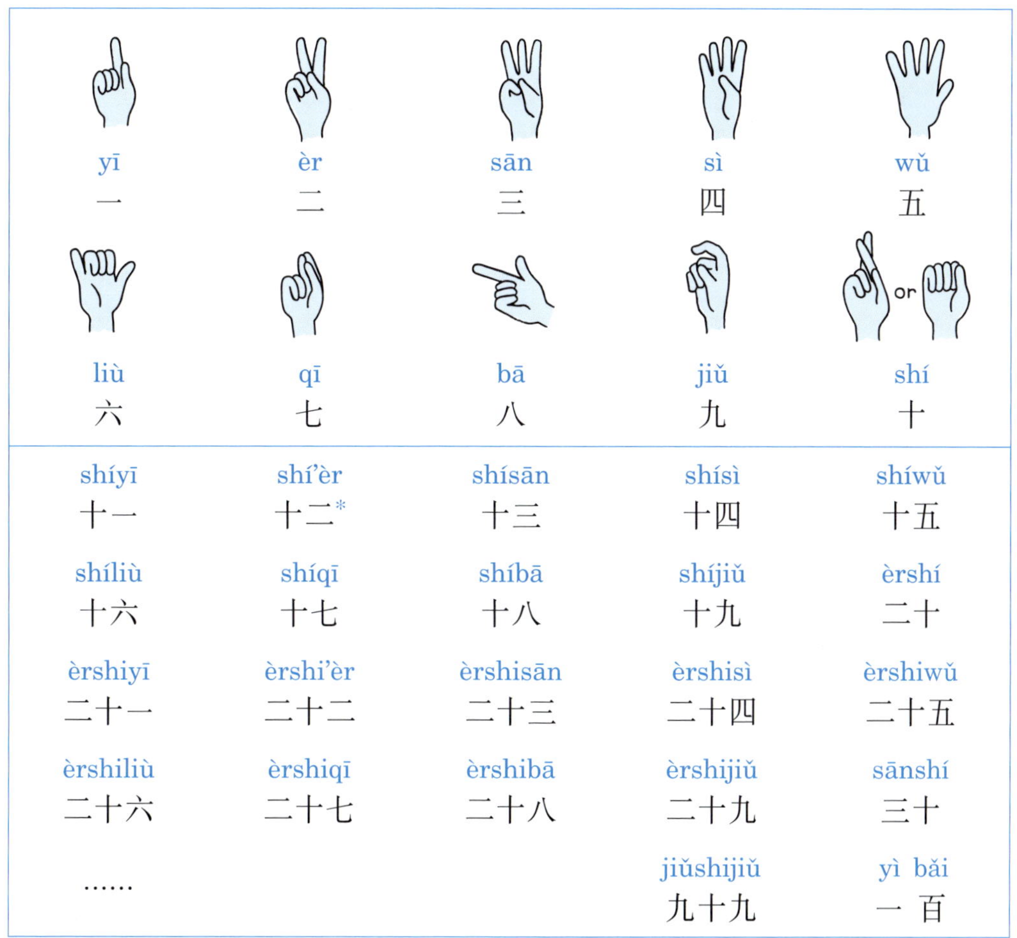

yī 一	èr 二	sān 三	sì 四	wǔ 五
liù 六	qī 七	bā 八	jiǔ 九	shí 十
shíyī 十一	shí'èr 十二*	shísān 十三	shísì 十四	shíwǔ 十五
shíliù 十六	shíqī 十七	shíbā 十八	shíjiǔ 十九	èrshí 二十
èrshiyī 二十一	èrshi'èr 二十二	èrshisān 二十三	èrshisì 二十四	èrshiwǔ 二十五
èrshiliù 二十六	èrshiqī 二十七	èrshibā 二十八	èrshijiǔ 二十九	sānshí 三十
……			jiǔshijiǔ 九十九	yì bǎi 一 百

* "a o e" で始まる音節がほかの音節のすぐ後につくとき、区切りを示す「'」（隔音記号、アポストロフィ）をつけなければならない。

児 ⇒ 儿	画 ⇒ 画

声調の変化

1

第三声 ＋ 第三声 ➡ **第二声** ＋ 第三声

nǐ hǎo
你 好（こんにちは）

shǒubiǎo
手表（腕時計）

shuǐguǒ
水果（果物）

2 「一」の変調

yī 一 ＋ { 第一声 / 第二声 / 第三声 } ➡ yì 一（↘）＋ { 第一声 / 第二声 / 第三声 }

yìqiān
一千（1,000）

yì tái
一 台（一台）

yìqǐ
一起（一緒に）

yī 一 ＋ 第四声 ➡ yí 一（↗）＋ 第四声

yíwàn
一万（10,000）

yígòng
一共（合わせて）

yídìng
一定（きっと）

yíge
一个*（一つ、一個）

＊“个(ge)”はもともと“gè”と第 4 声だったものが軽声“ge”に転じたもの。

個 ⇒ 个

“一(yī)”を本来の第一声のままで発音する場合

(1) 語の最後に位置するとき。

(2) 序数、または数字の棒読みを表すとき。

yīyuè 一月（一月）　yīlóu 一楼（一階）

yījiǔjiǔyī nián 1991 年（1991 年）

3 「不(bù)」の変調

bù 不 ＋ 第四声 ➡ bú 不（↗）＋ 第四声

bú shì 不 是（～ではない）　bú yào 不 要（要らない）

búyòng 不用（～する必要はない）

「不(bù) ＋ 第一、二、三声」のとき、「不(bù)」の声調は変わりません。

bù chī 不 吃（食べない）　bùnéng 不能（できない）

bù xiǎng 不 想（思わない。～したくない）

日常会話

1\. Nǐ hǎo!
你 好！ （こんにちは。）

Nín hǎo!
您 好！ （こんにちは。〈初対面、或いは目上の人に使う〉）

Nǐmen hǎo! / Dàjiā hǎo!
你们 好！/ 大家 好！ （皆さん、こんにちは。）

2\. Zǎoshang hǎo!
早上 好！ （おはようございます。）

3\. Wǎnshang hǎo!
晚上 好！ （こんばんは。）

4\. Xièxie!
A： 谢谢！ （ありがとう。）

Bú kèqi. / Bié kèqi. / Bú (yòng) xiè.
B： 不 客气。/ 别 客气。/ 不（用）谢。（どういたしまして。）

Nǎli nǎli.
哪里 哪里。 （とんでもありません。）

5\. Duìbuqǐ.
A： 对不起。 （すみません。/ ごめんなさい。）

Méi guānxi.
B： 没 关系。 （かまいません。）

6\. Wǒ xiān zǒu le.
A： 我 先 走 了。 （お先に。）

Qǐng mànzǒu. / (Nín) mànzǒu.
B： 请 慢走。/（您） 慢走。 （気をつけてください。）

謝 ⇒ 谢	気 ⇒ 气	別 ⇒ 别	対 ⇒ 对	関 ⇒ 关	係 ⇒ 系
請 ⇒ 请					

CD17

教室用語

1.
lǎoshī: Tóngxué men zǎo!
老师：同学 们 早！ （先生：学生の皆さん、おはようございます。）

xuésheng men: Lǎoshī zǎo!
学生 们：老师 早！ （学生たち：先生、おはようございます。）

2.
Tóngxué men hǎo!
老师：同学 们 好！ （学生の皆さん、こんにちは。）

Lǎoshī hǎo!
学生 们：老师 好！ （先生、こんにちは。）

3.
Tóngxué men, qǐng gēn wǒ niàn.
老师：同学 们，请 跟 我 念。 （学生の皆さん、私について読んでください。）

4.
Duì! Hěn hǎo! /
老师：对！很 好！/ （その通りです。よくできました。）

Búduì.
不对。 （正しくありません。）

5.
Jīntiān de kè jiù dào zhèr. Xiàxīngqī jiàn!
老师：今天 的 课 就 到 这儿。 下星期 见！
（今日の授業はここまでです。また来週会いましょう。）

Xiàxīngqī jiàn!
学生 们：下星期 见！ （また来週お目にかかります。）

6.
Zàijiàn!
老师：再见！ （さようなら。）

Zàijiàn!
学生 们：再见！ （さようなら。）

課 ⇒ 课　見 ⇒ 见

Dì yī kè
第 1 课

Nǐ shì Rìběnrén ma?
你是日本人吗?

本文

CD19

1.	Lǐ Hóng: 李红：	Nǐ hǎo! 你好！
2.	Sēn Tàiláng: 森太郎：	Nǐ hǎo! 你好！
3.	李：	Qǐngwèn, nín guìxìng? 请问，您贵姓？
4.	森：	Wǒ xìng Sēn. Nǐ jiào shénme míngzi? 我姓森。你叫什么名字？
5.	李：	Wǒ jiào Lǐ Hóng. Nǐ shì Rìběnrén ma? 我叫李红。你是日本人吗？
6.	森：	Shìde, wǒ shì Rìběnrén. Nǐ ne? 是的，我是日本人。你呢？
7.	李：	Wǒ shì Zhōngguórén. Yǐhòu qǐng duō guānzhào. 我是中国人。以后请多关照。
8.	森：	Yě qǐng nín duōduō guānzhào. 也请您多多关照。

紅 ⇒ 红　問 ⇒ 问　貴 ⇒ 贵　後 ⇒ 后

本文の新出単語

□ 第	dì	頭 整数の前に用い順序を表す
□ 课	kè	量（教科書の）課
□ 你	nǐ	代 あなた
□ 是	shì	動 ～である
□ 日本人	Rìběnrén	名 日本人
□ 吗	ma	助 疑問の語気を表す
□ 你好	nǐ hǎo	こんにちは
□ 请问	qǐngwèn	〈套〉お尋ねします
□ 您	nín	代 あなた、敬称
□ 贵姓	guìxìng	〈敬〉お名前、ご芳名
□ 我	wǒ	代 私
□ 姓	xìng	名（名字は）～という
□ 叫	jiào	動（姓名、名は）～という
□ 什么	shénme	代 何（の）、どんな
□ 名字	míngzi	名 名前
□ 是的	shìde	（肯定の返事）はい、そうです
□ 的	de	助 肯定の語気
□ 呢	ne	助 ～は？（省略疑問）
□ 中国人	Zhōngguórén	名 中国人
□ 以后	yǐhòu	名 今後、～の後
□ 请	qǐng	動 どうぞ（～してください）
□ 多	duō	形 多い
⇔少	shǎo	形 少ない
□ 关照	guānzhào	動 面倒をみる、世話をする
□ 也	yě	副 ～もまた

文法の新出単語

□ 不	bù	副 ① ～ない、否定を表す ② いいえ。応答に用いる
□ 美国人	Měiguórén	名 アメリカ人
□ 喝	hē	動 飲む
□ 茶	chá	名 お茶
□ 吃饭	chī//fàn*	動 食事をする
□ 吃	chī	動 食べる

＊2音節の動詞のピンインの間にある「//」は離合詞のしるしである。「離合詞」については第8課文法2（p.67）を参照してください。

錯 ⇒ 错

1 人称代詞

❶

	単数	複数
第一人称	wǒ 我（私）	wǒmen 我们（私たち） zánmen 咱们（〈聞き手も含む〉私たち）
第二人称	nǐ 你（あなた） nín　　　　　nǐ 您（あなた、“你”の敬称）	nǐmen 你们（あなたたち）
第三人称	tā 他（彼） tā 她（彼女） tā 它（それ、あれ）	tāmen 他们（彼ら） tāmen 她们（彼女たち） tāmen 它们（それら、あれら）

nínmen
☞“您们”という言い方はしない。

2 名前の聞き方と答え方

相手の名字のみを尋ねる場合

❷ A：Nín guìxìng?
　　您　贵姓？　　（お名前は何とおっしゃいますか？）

B：Wǒ xìng Sēn.
　　我　姓　森。　　（私は森と言います。）

相手のフルネームを尋ねる場合

❸ A：Nǐ jiào shénme míngzi?
　　你　叫　什么　名字？　　（お名前は何と言いますか？）

B：Wǒ jiào Lǐ Hóng.
　　我　叫　李　红。　　（私は李紅と申します。）

3 動詞述語文

1 A＋"是"＋B（AはBである）

④ S.＋V.＋O.（主語＋動詞＋目的語）

文型	例文
疑問文	Nǐ shì Rìběnrén ma? 你 是 日本人 吗？ （あなたは日本人ですか？）
肯定文	Wǒ shì Rìběnrén. 我 是 日本人。 （私は日本人です。）
否定文	Wǒ bú shì Rìběnrén. 我 不 是 日本人。 （私は日本人ではありません。）

⑤ A：Nǐ shì Měiguórén ma?
你 是 美国人 吗？ （あなたはアメリカ人ですか？）

B：Shì (de), wǒ shì Měiguórén.
是（的），我 是 美国人。 （はい、私はアメリカ人です。）

Bú (shì), wǒ bú shì Měiguórén.
不（是），我 不 是 美国人。 （いいえ、私はアメリカ人ではありません。）

2 動作動詞

⑥ A：Nǐ hē chá ma?
你 喝 茶 吗？ （あなたはお茶を飲みますか？）

B：Hē, wǒ hē chá.
喝，我 喝 茶。 （はい、私はお茶を飲みます。）

Bù (hē), wǒ bù hē chá.
不（喝），我 不 喝 茶。 （いいえ、私はお茶を飲みません。）

⑦ A：Nǐ chīfàn ma?
你 吃饭 吗？ （あなたはご飯を食べますか？）

B：Chī, wǒ chīfàn.
吃，我 吃饭。 （はい、私はご飯を食べます。）

Bù (chī), wǒ bù chīfàn.
不（吃），我 不 吃饭。 （いいえ、私はご飯を食べません。）

☞「はい」は疑問文の中の動詞を繰り返す。「いいえ」は動詞の前に"不"を加え、動詞は省略できる。

1	彼此，彼此！	Bǐcǐ, bǐcǐ!	お互いさまです。
2	不错！	Búcuò!	その通りです。すばらしいです。
3	不敢当！	Bùgǎndāng!	［称賛されて］恐れ入ります。
4	不送了！	Bú sòng le!	［客の辞去時に］お見送りしませんが…
5	不行！	Bùxíng!	駄目です。

練習

I　下の会話文を完成させ、さらに中国語で言ってみましょう。

［例］ **A：** 你是美国人吗？　（あなたはアメリカ人ですか？）

B： 不是，我不是美国人。　（いいえ、私はアメリカ人ではありません。）

(1) **A：** ＿＿＿＿＿＿＿＿＿＿＿＿＿？　（お名前は何とおっしゃいますか？〈名字のみを尋ねる場合〉）

B： ＿＿＿＿＿＿＿＿＿＿＿＿＿。　（＿＿＿＿＿＿＿＿＿＿。）

(2) **A：** ＿＿＿＿＿＿＿＿＿＿＿＿＿？　（お名前は何とおっしゃいますか？〈フルネームを尋ねる場合〉）

B： ＿＿＿＿＿＿＿＿＿＿＿＿＿。　（＿＿＿＿＿＿＿＿＿＿。）

(3) **A：** ＿＿＿＿＿＿＿＿＿＿＿＿＿？　（あなたは日本人ですか？）

B： ＿＿＿＿＿＿＿＿＿＿＿＿＿。　（＿＿＿＿＿＿＿＿＿＿。）

(4) **A：** ＿＿＿＿＿＿＿＿＿＿＿＿＿。　（これからはよろしくお願いいたします。）

B： ＿＿＿＿＿＿＿＿＿＿＿＿＿。　（＿＿＿＿＿＿＿＿＿＿。）

(5) **A：** ＿＿＿＿＿＿＿＿＿＿＿＿＿？　（あなたはお茶を飲みますか？）

B： ＿＿＿＿＿＿＿＿＿＿＿＿＿。　（＿＿＿＿＿＿＿＿＿＿。）

II 次の日本語を中国語に訳し、さらにピンインを書きなさい。

★漢字は崩したり略したりせずに書き、文中・文末には句読点や疑問符をつけること。

(1) お尋ねしますが、お名前は何とおっしゃいますか？（名字のみを尋ねる場合）

ピンイン

中国語

(2) あなたは中国人ですか？

ピンイン

中国語

(3) 私はアメリカ人ではありません。

ピンイン

中国語

(4) こちらこそよろしくお願いいたします。

ピンイン

中国語

(5) **A：** あなたはご飯を食べますか？

ピンイン

中国語

B： はい、私はご飯を食べます。

ピンイン

中国語

Dì èr kè
第 2 课

Nǐ xué shénme?
你学什么？

本文

CD24

Hǎojiǔ bú jiàn!
1. 李：好久不见！

Hǎojiǔ bú jiàn!
2. 森：好久不见！

Wǒ shì Běimíng dàxué de xuésheng. Nǐ ne?
3. 李：我是北名大学的学生。你呢？

Wǒ yě shì Běimíng dàxué de xuésheng.
4. 森：我也是北名大学的学生。

Nǐ shì jǐ niánjí de xuésheng?
5. 李：你是几年级的学生？

Wǒ shì yī niánjí de xuésheng.
6. 森：我是一年级的学生。

Nǐ xué shénme?
7. 李：你学什么？

Wǒ xué Hànyǔ.
8. 森：我学汉语。

幾 ⇒ 几	級 ⇒ 级

本文の新出単語

CD23

□好久	hǎojiǔ	形 長い間
□见	jiàn	動 会う
□大学	dàxué	名 大学
□的	de	助 ～の、名詞修飾語を作る
□学生	xuésheng	名 学生
□几	jǐ	数 いくつ
□年级	niánjí	名 学年
□学	xué	動 学ぶ
□汉语	Hànyǔ	名 中国語

文法の新出単語

CD25

□书	shū	名 本
□纸	zhǐ	名 紙
□本子	běnzi	名 ノート
□报(纸)	bào(zhǐ)	名 新聞
□爱人	àiren	名 配偶者
□弟弟	dìdi	名 弟
□公司	gōngsī	名 会社
□学校	xuéxiào	名 学校
□家	jiā	名 家
□同学	tóngxué	名 同級生
□日本	Rìběn	名 日本
□电影	diànyǐng	名 映画
□中国	Zhōngguó	名 中国
□朋友	péngyou	名 友達
□中文	Zhōngwén	名 中国語
□杂志	zázhì	名 雑誌
□大学生	dàxuéshēng	名 大学生
□日语	Rìyǔ	名 日本語
□看	kàn	動 読む、見る
□小说	xiǎoshuō	名 小説

書⇒书	報⇒报	紙⇒纸	愛⇒爱	電⇒电	雜⇒杂
誌⇒志	買⇒买	歓⇒欢	動⇒动	説⇒说	緊⇒紧
攪⇒搅					

文法

1 "的" の使い方

名詞＋"的"＋名詞（～の～）

❶	Wáng xiānsheng de shū 王 先生 **的** 书	（王さんの本）
	Wáng nǚshì de zhǐ 王 女士 **的** 纸	（王さんの紙）
	Wáng xiǎojiě de běnzi 王 小姐 **的** 本子	（王さんのノート）
	Lǎo-Wáng de bàozhǐ 老 王 **的** 报纸	（王さんの新聞）
	Xiǎo-Wáng de àiren 小 王 **的** 爱人	（王さんの奥様）

先生 xiānsheng	名	～さん、男性に対する敬称
女士 nǚshì	名	女史。～さん、女性に対する敬称
小姐 xiǎojiě	名	～さん、若い女性に対する敬称
老 Lǎo	頭	目上の人の名字の前に用い親しみを表す
小 Xiǎo	頭	目下や同輩の姓の前に用い親しみを表す

❷「人称代詞＋親族名称・所属機関・人間関係」の場合、"的" を省く。

wǒ dìdi
我 弟弟 （私の弟）

tāmen xuéxiào
他们 学校 （彼らの学校）

nǐmen gōngsī
你们 公司 （あなたたちの会社）

tā jiā
他 家 （彼の家）

❸ 熟語化している語も "的" を省くことが多い。

dàxué tóngxué
大学 同学 （大学の同級生）

Zhōngguó péngyou
中国 朋友 （中国人の友達）

Rìběn diànyǐng
日本 电影 （日本の映画）

Zhōngwén zázhì
中文 杂志 （中国語の雑誌）

▶動詞(句)+"的"+名詞

動詞(句)、形容詞(句)が修飾語となるときは、"的"で名詞につなぐ。

Wǒ xǐhuan de dòngwù shì xióngmāo.
我 喜欢 的 动物 是 熊猫。 (私が好きな動物はパンダです。)

Zhè shì wǒ mǎi de dōngxi.
这 是 我 买 的 东西。 (これは私が買った物です。)

☞ "的"はここでは動作がすでに行われたことを表す。

ただし、1音節(1字)の形容詞の場合は"的"を省略する。

hǎo shū
好 书 (いい本)

xīn tóngxué
新 同学 (新入生)

这 zhè 代 この、これ　买 mǎi 動 買う ⇔ 卖 mài 動 売る　东西 dōngxi 名 物、品物
喜欢 xǐhuan 動 好き　动物 dòngwù 名 動物　熊猫 xióngmāo 名 パンダ
好 hǎo 形 よい ⇔ 坏 huài 形 悪い　新 xīn 形 新しい ⇔ 旧 jiù 形 古い

2 "也"(も)

Tā yě shì dàxuéshēng.
❹ 他 也 是 大学生。 (彼も大学生です。)

Lǎoshī yě bú shì Měiguórén.
❺ 老师 也 不 是 美国人。 (先生もアメリカ人ではありません。)

3 疑問詞"什么"(何、どんな)

Nǐ xué shénme?
❻ A:你 学 什么? (あなたは何を学びますか?)

Wǒ xué Rìyǔ.
B:我 学 日语。 (私は日本語を学びます。)

Nǐ kàn shénme shū?
❼ A:你 看 什么 书? (あなたはどんな本を読みますか?)

Wǒ kàn xiǎoshuō.
B:我 看 小说。 (私は小説を読みます。)

6	不要紧！	Búyàojǐn!	[謝罪されて] 何でもありません。 構いません。
7	初次见面！	Chūcì jiànmiàn!	初めまして。
8	打搅您了！	Dǎjiǎo nín le!	お邪魔しました。
9	打扰您了！	Dǎrǎo nín le!	お邪魔しました。
10	当心！	Dāngxīn!	気をつけて。

練習

I 下の会話文を完成させ、さらに中国語で言ってみましょう。

[例] A：你是美国人吗？ (あなたはアメリカ人ですか？)

B：不是，我不是美国人。 (いいえ、私はアメリカ人ではありません。)

(1) A：＿＿＿＿＿＿＿＿＿＿？ (あなたは北名大学の学生ですか？)

B：＿＿＿＿＿＿＿＿＿＿。 (＿＿＿＿＿＿＿＿。)

(2) A：＿＿＿＿＿＿＿＿＿＿？ (あなたは何年生ですか？)

B：＿＿＿＿＿＿＿＿＿＿。 (＿＿＿＿＿＿＿＿。)

(3) A：＿＿＿＿＿＿＿＿＿＿？ (あなたは何を学びますか？)

B：＿＿＿＿＿＿＿＿＿＿。 (＿＿＿＿＿＿＿＿。)

(4) A：＿＿＿＿＿＿＿＿＿＿？ (王さん〈女性〉も大学生ですか？)

B：＿＿＿＿＿＿＿＿＿＿。 (＿＿＿＿＿＿＿＿。)

(5) A：＿＿＿＿＿＿＿＿＿＿？ (彼女たちも中国語の雑誌を読みますか？)

B：＿＿＿＿＿＿＿＿＿＿。 (＿＿＿＿＿＿＿＿。)

II 次の日本語を中国語に訳し、さらにピンインを書きなさい。

★漢字は崩したり略したりせずに書き、文中・文末には句読点や疑問符をつけること。

(1) お久しぶりです。

ピンイン ……………………………………

中国語 ……………………………………

(2) 彼は二年生です。

ピンイン ……………………………………

中国語 ……………………………………

(3) 彼女は私の大学の同級生です。

ピンイン ……………………………………

中国語 ……………………………………

(4) 王さんの奥様も先生ではありません。

ピンイン ……………………………………

中国語 ……………………………………

(5) **A：** あなたは何を見ますか？

ピンイン ……………………………………

中国語 ……………………………………

B： 私は日本の映画を見ます。

ピンイン ……………………………………

中国語 ……………………………………

Nǐ zuìjìn zěnmeyàng?
你最近怎么样？

本文

CD29

1. 森： Jīntiān zhēn rè a!
   今天 真 热 啊！

2. 李： Shì a! Jīntiān tài rè le.
   是 啊！ 今天 太 热 了。

3. 森： Nǐ zuìjìn zěnmeyàng?
   你 最近 怎么样？

4. 李： Wǒ hěn máng. Nǐ ne?
   我 很 忙。 你 呢？

5. 森： Wǒ yě hěn máng.
   我 也 很 忙。

6. 李： Xuéxiào gāng kāixué, tóngxué men dōu fēicháng máng.
   学校 刚 开学， 同学 们 都 非常 忙。

7. 森： Nà huítóu jiàn!
   那 回头 见！

8. 李： Huítóu jiàn!
   回头 见！

樣 ⇒ 样	眞 ⇒ 真	熱 ⇒ 热	剛 ⇒ 刚	開 ⇒ 开	頭 ⇒ 头

本文の新出単語

CD28

- 最近 zuìjìn 名 最近
- 怎么样 zěnmeyàng 代 どのような、どのように、どうですか
- 今天 jīntiān 名 今日
- 真 zhēn 副 本当に、実に
- 热 rè 形 暑い
  - ⇔冷 lěng 形 寒い
- 啊 a 助 感嘆や催促の語気を表す
- 太……了 tài……le あまりにも～すぎる
- 很 hěn 副 とても
- 忙 máng 形 忙しい
- 刚 gāng 副 ～したばかり
- 开学 kāi//xué 動 学校が始まる、始業する
- 都 dōu 副 みな、全部、いずれも
- 非常 fēicháng 副 非常に
- 那 nà 接 それでは、それなら
- 回头 huítóu しばらく待って、しばらくして。後ほど、後で

文法の新出単語

CD30

- 认识 rènshi 動 見知る、面識がある
- 高兴 gāoxìng 形 うれしい
- 有意思 yǒu yìsi 面白い
- 电脑 diànnǎo 名 パソコン
- 方便 fāngbiàn 形 便利である
- 房子 fángzi 名 家屋
- 干净 gānjìng 形 清潔である
- 来 lái 動 来る
  - ⇔去 qù 動 行く
- 饺子 jiǎozi 名 ギョーザ
- 大夫 dàifu 名 医者（口語的）

認 ⇒ 认	識 ⇒ 识	興 ⇒ 兴	脳 ⇒ 脑	浄 ⇒ 净	節 ⇒ 节
鬧 ⇒ 闹					

1 形容詞述語文

肯定文では形容詞の前の“很”は特に強く発言しない限り、「とても」の意味は薄れる。

❶ A：Nǐ máng ma?
你 忙 吗？ （あなたは忙しいですか？）

B：Wǒ hěn máng.
我 很 忙。 （私は〈とても〉忙しいです。）

Wǒ bù máng.
我 不 忙。 （私は忙しくありません。）

☞“Wǒ méi máng.”
“我 没 忙。”という言い方はしない。

❷ Rènshi nín, wǒ hěn gāoxìng.
认识 您，我 很 高兴。 （お会いできて、私は〈とても〉うれしいです。）

❸ Nǐ zhēn yǒu yìsi a!
你 真 有 意思 啊！ （あなたは本当におもしろいですね。）

❹ Diànnǎo tài fāngbiàn le.
电脑 太 方便 了。 （パソコンはすごく便利です。）

❺ Fángzi fēicháng gānjìng.
房子 非常 干净。 （家屋は非常に清潔であります。）

▶（“很”などの副詞がない）裸の性質形容詞は「比較・対照」を表す。

Zhōngguó de Chūnjié rènao.
中国 的 春节 热闹。 （中国の春節はにぎやかです［が日本の春節は～］。）

Xiāngjiāo tián, píngguǒ bù tián.
香蕉 甜，苹果 不 甜。 （バナナは甘いが、リンゴは甘くありません。）

春节 Chūnjié 名 旧正月　热闹 rènao 形 にぎやかである　香蕉 xiāngjiāo 名 バナナ
甜 tián 形 甘い　苹果 píngguǒ 名 リンゴ

2 "刚"＋動詞（～したばかりです）

Xuéxiào gāng kāixué.
❻ 学校 刚 开学。　（学校が始まったばかりです。）

Tā gāng lái Rìběn.
❼ 他 刚 来 日本。　（彼は日本に来たばかりです。）

3 副詞"都"（みな、全部、いずれも）

Wǒmen dōu chī jiǎozi.
❽ 我们 都 吃 饺子。　（私たちはみな餃子を食べます。）

"也"と"都"

Tāmen yě dōu shì dàifu.
❾ 他们 也 都 是 大夫。　（彼らもみな医者です。）

▶「全部否定」と「部分否定」

dōu bù
"都 不"　（〈全部否定〉みな～ではありません）

bù dōu
"不 都"　（〈部分否定〉みな～というわけではありません）

Tāmen dōu bú shì liúxuéshēng.
他们 都 不 是 留学生。　（彼らはみな留学生ではありません。）

Tāmen bù dōu shì liúxuéshēng.
她们 不 都 是 留学生。　（彼女たちはみな留学生というわけではありません。）

留学生 liúxuéshēng 名 留学生

11	对了！	Duìle!	その通りです。そう言えば〜。
12	多谢！	Duōxiè!	どうもありがとうございます。
13	好久不见（了）！	Hǎojiǔ bú jiàn (le)!	お久しぶりです。
14	好久没见（了）！	Hǎojiǔ méi jiàn (le)!	お久しぶりです。
15	好（了）！	Hǎo (le)!	もういいです。十分です。

練習

I 下の会話文を完成させ、さらに中国語で言ってみましょう。

[例] **A：** 你是美国人吗？ （あなたはアメリカ人ですか？）

B： 不是，我不是美国人。 （いいえ、私はアメリカ人ではありません。）

(1) **A：** ＿＿＿＿＿＿＿＿＿＿？ （今日は暑いですか？）

B： ＿＿＿＿＿＿＿＿＿＿。 （＿＿＿＿＿＿＿＿＿＿。）

(2) **A：** ＿＿＿＿＿＿＿＿＿＿？ （あなたは最近どうですか？）

B： ＿＿＿＿＿＿＿＿＿＿。 （＿＿＿＿＿＿＿＿＿＿。）

(3) **A：** ＿＿＿＿＿＿＿＿＿＿？ （同級生たちはみなうれしいですか？）

B： ＿＿＿＿＿＿＿＿＿＿。 （＿＿＿＿＿＿＿＿＿＿。）

(4) **A：** ＿＿＿＿＿＿＿＿＿＿？ （＿＿＿＿＿＿＿＿＿＿？）

B： ＿＿＿＿＿＿＿＿＿＿。 （私たちはみな餃子を食べます。）

(5) **A：** ＿＿＿＿＿＿＿＿＿＿？ （＿＿＿＿＿＿＿＿＿＿？）

B： ＿＿＿＿＿＿＿＿＿＿。 （彼らもみな医者です。）

II 次の日本語を中国語に訳し、さらにピンインを書きなさい。

★漢字は崩したり略したりせずに書き、文中・文末には句読点や疑問符をつけること。

(1) 今日は本当に暑いですね。

ピンイン

中国語

(2) 学校が始まったばかりで、同級生たちはみな非常に忙しいです。

ピンイン

中国語

(3) じゃあ、後ほど。

ピンイン

中国語

(4) パソコンはすごく便利です。

ピンイン

中国語

(5) **A：**お会いできて、私は(とても)うれしいです。

ピンイン

中国語

B：お会いできて、私も(とても)うれしいです。

ピンイン

中国語

Dì sì kè

第4课

Zhè shì shéi de cídiǎn?

这是谁的词典?

本文

CD34

1\. 森： Zhè shì shénme?
这 是 什么?

2\. 李： Zhè shì « Rì-Zhōng cídiǎn ».
这 是《日中 词典》。

3\. 森： Zhè shì shéi de cídiǎn?
这 是 谁 的 词典?

4\. 李： Zhè shì wǒ de cídiǎn.
这 是 我 的 词典。

5\. 森： Zhè běn cídiǎn guì bu guì?
这 本 词典 贵 不 贵?

6\. 李： Bú tài guì.
不 太 贵。

7\. 森： Nàxiē cídiǎn yě shì nǐ de ma?
那些 词典 也 是 你 的 吗?

8\. 李： Bú shì.
不 是。

誰 ⇒ 谁	詞 ⇒ 词

本文の新出単語

□ 这	zhè	代	この、これ
□ 谁	shéi (口語) / shuí	代	誰
□ 词典	cídiǎn	名	辞書
□ 本	běn	量	～冊。書籍類を数える
□ 贵	guì	形	(値段が) 高い
⇔便宜	piányi	形	安い
□ 不太	bú tài		あまり～ではない
□ 那些	nàxiē	代	あれら(の)、それら(の)

文法の新出単語

□ 椅子	yǐzi	名	椅子
□ 两	liǎng	数	2
□ 咖啡	kāfēi	名	コーヒー
□ 课本	kèběn	名	教科書
□ 面包	miànbāo	名	パン
□ 衣服	yīfu	名	服
□ 绿茶	lǜchá	名	緑茶
□ 筷子	kuàizi	名	箸
□ 裤子	kùzi	名	ズボン
□ 地图	dìtú	名	地図
□ 猫	māo	名	猫
□ 个	ge	量	人や専用の量詞を用いない物を数える
□ 商店	shāngdiàn	名	店
□ 大	dà	形	大きい
⇔小	xiǎo	形	小さい
□ 辆	liàng	量	～台。車を数える
□ 车	chē	名	車
□ 枝	zhī	量	～本。棒状の短い物を数える
□ 笔	bǐ	名	ペン、筆記具

両 ⇒ 两	包 ⇒ 包	緑 ⇒ 绿	張 ⇒ 张	図 ⇒ 图	車 ⇒ 车
筆 ⇒ 笔	煩 ⇒ 烦				

1 指示代詞

❶

単数	zhè / zhè [ge] 这 / 这[个] （この、これ）	nà / nà [ge] 那 / 那[个] （あの、その、あれ、それ）	nǎ / nǎ [ge] 哪 / 哪[个] （どの、どれ）
複数	zhèxiē 这些 （これら〈の〉）	nàxiē 那些 （あれら〈の〉、それら〈の〉）	nǎxiē 哪些 （どれ）

☞ 指示代詞の後ろに続く、あるいは言及する名詞によって、［　］の中の量詞を変えなければならない。

☞ "这 zhè" "那 nà" "哪 nǎ" の口語の発音はそれぞれ "这 zhèi" "那 nèi" "哪 něi" となる。

❷ A：Zhè shì shénme?
这 是 什么？　（これは何ですか？）

B：Zhè shì « Rì-Zhōng cídiǎn ».
这 是《日中 词典》。（これは『日中辞典』です。）

2 量詞 （pp.111-114 の表を参照）

❸

yì bǎ yǐzi
一 把 椅子　（一脚のいす）

liǎng bēi kāfēi
两 杯 咖啡　（二杯のコーヒー）

sān běn kèběn
三 本 课本　（三冊の教科書）

sì ge miànbāo
四 个 面包　（四個のパン）

wǔ jiàn yīfu
五 件 衣服　（五枚の服）

liù píng lǜchá
六 瓶 绿茶　（六本の緑茶）

qī shuāng kuàizi
七 双 筷子　（七膳のお箸）

bā tiáo kùzi
八 条 裤子　（八本のズボン）

jiǔ zhāng dìtú
九 张 地图　（九枚の地図）

shí zhī māo
十 只 猫　（十匹の猫）

▶ èr liǎng
“二”と“两”

èr
“二”「いち、に、さん」と数を唱えるときや、順序を表すときに使う。

èrshí
二十 (20)

èryuè
二月 (二月)

liǎng
“两”「ひとつ、ふたつ、みっつ」と数量を表すときに使う。“两”の後ろにはよく量詞が付く。つまり量詞の前では“两”を使う。

liǎng fēng xìn
两 封 信 (二通の手紙)

liǎng ge xìnfēng
两 个 信封 (二つの封筒)

月 yuè 名 (暦の) 月　封 fēng 量 ～通。封書などを数える　信 xìn 名 手紙
信封 xìnfēng 名 封筒

Nàge shāngdiàn hěn dà.
❹ 那个 商店 很 大。 (あの店は〈とても〉広いです。)

Zhè liàng chē hěn piányi.
❺ 这 辆 车 很 便宜。 (この車は〈とても〉安いです。)

3 反復疑問文

Zhè běn cídiǎn guì bu guì?
❻ A：这 本 词典 贵 不 贵？ (この辞書は高いですか？)

Bú tài guì.
B：不 太 贵。 (あまり高くありません。)

Zhè zhī bǐ shì bu shì Xiǎo-Zhāng de?
❼ A：这 枝 笔 是 不 是 小张 的？ (このペンは張さんのですか？)

Shìde.
B：是的。 (はい、そうです。)

16	很抱歉！	Hěn bàoqiàn!	申し訳ありません。
17	欢迎，欢迎！	Huānyíng, huānyíng!	ようこそ。
18	欢迎（您）再来！	Huānyíng (nín) zài lái!	またおいでください。
19	可以！	Kěyǐ!	よろしい。構いません。
20	麻烦您了！	Máfan nín le!	ご迷惑／お手数をお掛けしました。

練習

I 下の会話文を完成させ、さらに中国語で言ってみましょう。

［例］ A：你是美国人吗？ （あなたはアメリカ人ですか？）

B：不是，我不是美国人。 （いいえ、私はアメリカ人ではありません。）

(1) A：＿＿＿＿＿＿＿＿＿＿＿？ （＿＿＿＿＿＿＿＿＿＿？）

B：＿＿＿＿＿＿＿＿＿＿＿。 （これは『日中辞典』です。）

(2) A：＿＿＿＿＿＿＿＿＿＿＿？ （＿＿＿＿＿＿＿＿＿＿？）

B：＿＿＿＿＿＿＿＿＿＿＿。 （これは私の辞書です。）

(3) A：＿＿＿＿＿＿＿＿＿＿＿？ （この辞書は高いですか？）〈反復疑問文〉

B：＿＿＿＿＿＿＿＿＿＿＿。 （＿＿＿＿＿＿＿＿＿＿。）

(4) A：＿＿＿＿＿＿＿＿＿＿＿？ （あれらの辞書もあなたのですか？）

B：＿＿＿＿＿＿＿＿＿＿＿。 （＿＿＿＿＿＿＿＿＿＿。）

(5) A：＿＿＿＿＿＿＿＿＿＿＿？ （＿＿＿＿＿＿＿＿＿＿？）

B：＿＿＿＿＿＿＿＿＿＿＿。 （このズボンは〈とても〉安いです。）

II 次の日本語を中国語に訳し、さらにピンインを書きなさい。

★漢字は崩したり略したりせずに書き、文中・文末には句読点や疑問符をつけること。

(1) これはどなたの服ですか？

ピンイン ________________

中国語 ________________

(2) この教科書は安いですか？（反復疑問文）

ピンイン ________________

中国語 ________________

(3) このパンは私のではありません。

ピンイン ________________

中国語 ________________

(4) あの地図は（とても）大きいです。

ピンイン ________________

中国語 ________________

(5) **A：** あれらの教科書もあなたのですか？

ピンイン ________________

中国語 ________________

B： いいえ、あれらの教科書は王先生のです。

ピンイン ________________

中国語 ________________

Dì wǔ kè

第5课 他什么时候来北京?

Tā shénme shíhou lái Běijīng?

本文

CD39

1. 李：你爸爸做什么工作?
   Nǐ bàba zuò shénme gōngzuò?

2. 森：他是医生。
   Tā shì yīshēng.

3. 李：他什么时候来北京?
   Tā shénme shíhou lái Běijīng?

4. 森：他星期五来。
   Tā xīngqīwǔ lái.

5. 李：今天星期几?
   Jīntiān xīngqī jǐ?

6. 森：今天星期二。
   Jīntiān xīngqī'èr.

7. 李：下星期二6月20号，是你的生日吧?
   Xiàxīngqī'èr liù yuè èrshí hào, shì nǐ de shēngrì ba?

8. 森：是的。
   Shìde.
   下星期二晚上你来我家玩儿吧。
   Xiàxīngqī'èr wǎnshang nǐ lái wǒ jiā wánr ba.

時 ⇒ 时

本文の新出単語

CD38

□	什么时候	shénme shíhou	いつ
□	北京	Běijīng	名 北京
□	做	zuò	動 する、やる
□	工作	gōngzuò	名 仕事
□	医生	yīshēng	名 医者
□	星期五	xīngqīwǔ	名 金曜日
□	星期	xīngqī	名 曜日、週
□	星期二	xīngqī'èr	名 火曜日
□	下星期二	xiàxīngqī'èr	名 来週の火曜日
□	月	yuè	名 (暦の)月
□	号	hào	量 ～日、(暦の)日 (日 rì 量 ～日、日にちを数える)
□	生日	shēngrì	名 誕生日
□	吧	ba	助 要請・推測などの語気を表す
□	晚上	wǎnshang	名 夜
□	玩(儿)	wán(r)	動 遊ぶ

文法の新出単語

CD40

□	现在	xiànzài	名 今、現在
□	点	diǎn	名 ～時。時刻を表す
□	钟	zhōng	名 時間を表す
□	点钟	diǎn zhōng	名 (時間の単位)時
□	知道	zhīdao	動 知っている
□	说	shuō	動 言う、話す
□	放心	fàng//xīn	動 安心する
□	上午	shàngwǔ	名 午前
□	一起	yìqǐ	副 一緒に
□	听	tīng	動 聞く
□	音乐	yīnyuè	名 音楽
□	回	huí	動 戻る
□	到	dào	動 到着する
□	图书馆	túshūguǎn	名 図書館
□	还	huán	動 返す
	⇔借	jiè	動 借りる
□	下午	xiàwǔ	名 午後
□	房间	fángjiān	名 部屋
□	学习	xuéxí	動 勉強する
□	英语	Yīngyǔ	名 英語

現 ⇒ 现	鐘 ⇒ 钟	楽 ⇒ 乐	館 ⇒ 馆	還 ⇒ 还	題 ⇒ 题

1 時間の言い方

☞ 年号、月日、曜日、時刻などの序数を聞く場合は、"几"を使う。
☞ 年月日、曜日、年齢、金額を表す文は"是"をよく省略するが、否定の場合には省略できない。

❶ A：Hòutiān xīngqī jǐ?
后天 星期 几？（あさっては何曜日ですか？）

B：Hòutiān xīngqīsì.
后天 星期四。（あさっては木曜日です。）

「日」と「年」

	tiān 天（日）	nián 年（年）
-2	qiántiān 前天（おととい）	qiánnián 前年（おととし）
-1	zuótiān 昨天（昨日）	qùnián **去年**（去年／昨年）
0	jīntiān **今天**（今日）	jīnnián **今年**（今年）
+1	míngtiān 明天（明日）	míngnián 明年（来年）
+2	hòutiān 后天（あさって）	hòunián 后年（再来年）

「曜日」

月曜日	火曜日	水曜日	木曜日	金曜日	土曜日	日曜日
xīngqīyī 星期一	xīngqī'èr 星期二	xīngqīsān 星期三	xīngqīsì 星期四	xīngqīwǔ 星期五	xīngqīliù 星期六	xīngqīrì 星期日 xīngqītiān 星期天

❷ A：Xiàxīngqī'èr jǐ yuè jǐ hào?
下星期二 几 月 几 号？（来週の火曜日は何月何日ですか？）

B：Xiàxīngqī'èr liù yuè èrshí hào.
下星期二 6 月 20 号。（来週の火曜日は6月20日です。）

☞ "号"は"日"の口語の言い方。

「週」と「月」

	xīngqī 星期（週）	yuè 月（月）
-1	shàng(ge) xīngqī 上（个）星期（先週）	shàng ge yuè 上 个 月（先月）
0	zhè(ge) xīngqī **这（个）星期**（今週）	zhège yuè **这个 月**（今月）
+1	xià(ge) xīngqī 下（个）星期（来週）	xià ge yuè 下 个 月（来月）

Xiànzài jǐ diǎn (zhōng)?
❸ A：现在 几 点（钟）？ （今は何時ですか？）

Xiànzài shí diǎn (zhōng).
B：现在 10 点（钟）。 （今は10時です。）

「時刻」

2:00	2:05	2:15
liǎng diǎn (zhōng) 两 点（钟）	liǎng diǎn (líng) wǔ fēn 两 点（零）五 分	liǎng diǎn shíwǔ fēn 两 点 十五 分 liǎng diǎn yí kè 两 点 一 刻
2:30	**2:45**	**2:50**
liǎng diǎn sānshí fēn 两 点 三十 分 liǎng diǎn bàn 两 点 半	liǎng diǎn sìshiwǔ fēn 两 点 四十五 分 liǎng diǎn sān kè 两 点 三 刻	liǎng diǎn wǔshí fēn 两 点 五十 分 chà shí fēn sān diǎn 差 十 分 三 点 sān diǎn chà shí fēn 三 点 差 十 分

☞2：00のように正時（分や秒の端数のつかない時刻）であることを強調したいときは“钟”をつける。

2 “……吧”の使い方

推測（～でしょう）

Nàge rén shì liúxuéshēng ba?
❹ A：那个 人 是 留学生 吧？ （あの人は留学生でしょう？）

Duìbuqǐ, wǒ bù zhīdào.
B：对不起，我 不 知道。 （すみません、私は知りません。）

要請（～してください）

Nǐ fàngxīn ba!
❺ 你 放心 吧！ （ご安心ください。）

勧誘（～しましょう）

Wǒmen shàngwǔ yìqǐ tīng yīnyuè ba!
❻ 我们 上午 一起 听 音乐 吧！ （私たちは午前中一緒に音楽を聴きましょう。）

3 “去 / 来 / 回 / 到”＋場所＋動詞

（huí 回, dào 到）

Wǒ qù túshūguǎn huán shū.
❼ 我 去 图书馆 还 书。 （私は図書館へ本を返しに行きます。）

Tā xiàwǔ bù huí fángjiān xuéxí Yīngyǔ.
❽ 他 下午 不 回 房间 学习 英语。 （彼は午後部屋へ英語を勉強しに戻りません。）

21	麻烦您（一下）！	Máfan nín (yíxià)!	ご迷惑／お手数をお掛けします。
22	没什么！	Méi shénme!	［謝罪／感謝されて］何でもありません。どういたしまして。
23	没事儿！	Méi shìr!	［謝罪／感謝されて］何でもありません。どういたしまして。
24	没问题！	Méi wèntí!	［依頼されて］大丈夫です。
25	明白了！	Míngbai le!	承知しました。わかりました。

練習

I　下の会話文を完成させ、さらに中国語で言ってみましょう。

［例］ A：你是美国人吗？　（あなたはアメリカ人ですか？）

B：不是，我不是美国人。　（いいえ、私はアメリカ人ではありません。）

(1) A：＿＿＿＿＿＿＿＿？　（あなたのお父さんはどんな仕事をしていますか？）

B：＿＿＿＿＿＿＿＿。　（＿＿＿＿＿＿＿＿。）

(2) A：＿＿＿＿＿＿＿＿？　（＿＿＿＿＿＿＿＿？）

B：＿＿＿＿＿＿＿＿。　（彼は金曜日に北京に来ます。）

(3) A：＿＿＿＿＿＿＿＿？　（今日は何曜日ですか？）

B：＿＿＿＿＿＿＿＿。　（＿＿＿＿＿＿＿＿。）

(4) A：＿＿＿＿＿＿＿＿？　（来週の月曜日は何月何日ですか？）

B：＿＿＿＿＿＿＿＿。　（＿＿＿＿＿＿＿＿。）

(5) A：＿＿＿＿＿＿＿＿？　（今は何時ですか？）

B：＿＿＿＿＿＿＿＿。　（＿＿＿＿＿＿＿＿。）

II 次の日本語を中国語に訳し、さらにピンインを書きなさい。

★漢字は崩したり略したりせずに書き、文中・文末には句読点や疑問符をつけること。

(1) 私の父は医者です。

ピンイン ……………………

中国語 ……………………

(2) 彼はいつ北京に来ますか？

ピンイン ……………………

中国語 ……………………

(3) 来週の火曜日は6月20日です、あなたの誕生日でしょう？

ピンイン ……………………

中国語 ……………………

(4) 来週火曜日の夜、我が家へご飯を食べに来てください。

ピンイン ……………………

中国語 ……………………

(5) **A：** あの人は留学生でしょう？

ピンイン ……………………

中国語 ……………………

B： すみません、私は知りません。

ピンイン ……………………

中国語 ……………………

Dì liù kè
第 6 课

Túshūguǎn zài nǎli?
图书馆 在 哪里?

本 文

CD44

Nǐ jiā yǒu jǐ kǒu rén?
1. 李：你 家 有 几 口 人?

Wǒ jiā yǒu sān kǒu rén, bàba、māma hé wǒ.
2. 森：我 家 有 三 口 人，爸爸、妈妈 和 我。

Nǐ bàba zài nǎr gōngzuò?
3. 李：你 爸爸 在 哪儿 工作?

Wǒ bàba zài Xiānggǎng gōngzuò. ……
4. 森：我 爸爸 在 香港 工作。……

Túshūguǎn zài nǎli?
图书馆 在 哪里?

Túshūguǎn zài yínháng hòubian.
5. 李：图书馆 在 银行 后边。

Xièxie!
6. 森：谢谢！

Zuìjìn nǐ xuéxí máng ma?
7. 李：最近 你 学习 忙 吗?

Zuìjìn wǒ xuéxí hěn máng.
8. 森：最近 我 学习 很 忙。

辺 ⇒ 边

本文の新出単語

- □ 在 zài 動 ある。いる。所在を表す 介 〜で。場所を導く
- □ 哪里 nǎli 代 どこ（哪儿 nǎr 代 どこ）
- □ 有 yǒu 動 ある。いる。存在を表す
- ⇔没有 méiyǒu 動 ない。いない
- □ 口 kǒu 量 家族を数える
- □ 人 rén 名 人
- □ 爸爸 bàba 名 父さん、父
- □ 妈妈 māma 名 母さん、母
- □ 和 hé 接 〜と、並列を表す
- □ 工作 gōngzuò 動 働く
- □ 香港 Xiānggǎng 名 ホンコン
- □ 银行 yínháng 名 銀行
- □ 后边 hòubian 名 後、後の方

文法の新出単語

- □ 公园 gōngyuán 名 公園
- □ 前面 qiánmian 名 前、前の方
- □ 家 jiā 量 〜軒。店などを数える
- □ 医院 yīyuàn 名 病院
- □ 有 yǒu 動 持っている。所有を表す
- ⇔没有 méiyǒu 動 持っていない
- □ 字典 zìdiǎn 名 字引
- □ 厕所 cèsuǒ 名 トイレ
- □ 楼 lóu 名 階、フロア
- □ 教室 jiàoshì 名 教室
- □ 车站 chēzhàn 名 駅、バス停
- □ 附近 fùjìn 名 近く
- □ 手机 shǒujī 名 携帯電話
- □ 桌子 zhuōzi 名 テーブル、机
- □ 上 shang 名 上、上の方
- □ 食堂 shítáng 名 食堂
- □ 宿舍 sùshè 名 寄宿舎
- □ 里 li 名 〜の中
- □ 舒服 shūfu 形 気分がよい。心地よい
- □ 肚子 dùzi 名 腹
- □ 疼 téng 形 痛い
- □ 节 jié 量 〜コマ。授業を数える
- □ 课 kè 名 授業
- □ 班 bān 名 クラス

園 ⇒ 园	機 ⇒ 机	親 ⇒ 亲	歳 ⇒ 岁	紀 ⇒ 纪	話 ⇒ 话

1 “有”と“在”

1 “有”　存在と所有を表す“有”（〜に〜がある／いる、〜を持っている）

Gōngyuán qiánmian yǒu yì jiā yīyuàn.
❶ 公园 前面 有 一 家 医院。（公園の前に一軒の病院があります。）

☞ 動詞“有”の否定形は“没有 méiyǒu”です。

Wǒ yǒu yì běn zìdiǎn, tā méiyǒu.
❷ 我 有 一 本 字典，他 没有。（私は一冊の字引を持っていますが、彼は持っていません。）

2 “在”　存在を表す“在”（〜は〜にある / いる）

“在”＋場所

Qǐngwèn, cèsuǒ zài nǎr?
❸ A：请问，厕所 在 **哪儿**？（お尋ねしますが、トイレは**どこ**にありますか？）

Cèsuǒ zài èrlóu.
B：厕所 在 **二楼**。（トイレは**二階**にあります。）

「場所代詞」

	近称	遠称	疑問
書き言葉	zhèli 这里 （ここ）	nàli 那里 （そこ、あそこ）	nǎli / shénme dìfang 哪里 / 什么 地方 （どこ）
話し言葉	zhèr 这儿 （ここ）	nàr 那儿 （そこ、あそこ）	nǎr 哪儿 （どこ）

Jiàoshì bú zài chēzhàn fùjìn.
❹ 教室 不 在 车站 **附近**。（教室は駅の**近く**にはありません。）

「方位詞」

上、上の方	下、下の方	前、前の方	後、後の方	左、左の方	右、右の方	中、中の方
shàngbian 上边	xiàbian 下边	qiánbian 前边	hòubian 后边	zuǒbian 左边	yòubian 右边	lǐbian 里边
shàngmian 上面	xiàmian 下面	qiánmian 前面	hòumian 后面	zuǒmian 左面	yòumian 右面	lǐmian 里面
外、外の方	**東、東の方**	**南、南の方**	**西、西の方**	**北、北の方**	**脇、隣、そば**	**向かい、真正面**
wàibian 外边	dōngbian 东边	nánbian 南边	xībian 西边	běibian 北边	pángbiān 旁边	—
wàimian 外面	dōngmian 东面	nánmian 南面	xīmian 西面	běimian 北面	—	duìmiàn 对面

“在”＋場所＋“上”

Shǒujī zài zhuōzi shang.
❺ 手机 在 桌子 上。　（携帯電話はテーブル〈の上〉にあります。）

“在”＋場所＋“里”

Wáng lǎoshī bú zài shítáng li.
❻ 王 老师 不 在 食堂 里。　（王先生は食堂〈の中〉にいません。）

介詞の“在”

“在”＋場所＋動詞（＋目的語）

Wǒ zài sùshè (li) xué(xí) Yīngyǔ.
❼ 我 在 宿舍（里）学(习) 英语。　（私は宿舍〈の中〉で英語を勉強します。）

▶動詞（“住”）＋“在”

（居住〈出生・発生・成長・生活〉の場所を示す。到達点を表す）

Wǒ zhùzài Mínggǔwū.
我 住在 名古屋。　（私は名古屋に住んでいます。）

住 zhù 動 住む、泊まる　　名古屋 Mínggǔwū 名 名古屋

2 主述述語文

主語１＋主語２＋述語

Tā xuéxí hěn máng.
❽ 他 学习 很 忙。　（彼は勉強が〈とても〉忙しいです。）

Nǐ nǎr bù shūfu?
❾ A：你 哪儿 不 舒服？　（あなたはどこが気持ち悪いのですか？）

Wǒ dùzi téng.
B：我 肚子 疼。　（私はお腹が痛いです。）

3 "几"と"多少"

☞"几"は10未満の数が予想されるときに使うが、"多少"は数の制限はない。

☞"几"と名詞の間には量詞が必要だが、"多少"の場合は量詞を省略できる。

⑩
Nǐ jīntiān yǒu jǐ jié kè?
A：你 今天 有 几 节 课？ （あなたは今日は何コマありますか？）

Wǒ jīntiān yǒu sì jié kè.
B：我 今天 有 4 节 课。 （私は今日は4コマあります。）

⑪
Nǐmen bān yǒu duōshao (ge) xuésheng?
A：你们 班 有 多少（个）学生？ （あなたたちのクラスにはどのくらいの学生がいますか？）

Wǒmen bān yǒu sìshí ge xuésheng.
B：我们 班 有 40 个 学生。 （私たちのクラスには40人の学生がいます。）

▶電話番号を尋ねる場合は、"多少"を使う

Qǐngwèn, nǐ de diànhuà hàomǎ shì duōshao?
A：请问，你 的 电话 号码 是 多少？ （お尋ねしますが、あなたの電話番号は何番ですか？）

Wǒ de diànhuà hàomǎ shì yāo sān wǔ yāo èr sān sì wǔ liù qī bā.
B：我 的 电话 号码 是 1 3 5 1 2 3 4 5 6 7 8。 （私の電話番号は135-1234-5678です。）

电话 diànhuà 名 電話　　号码 hàomǎ 名 番号

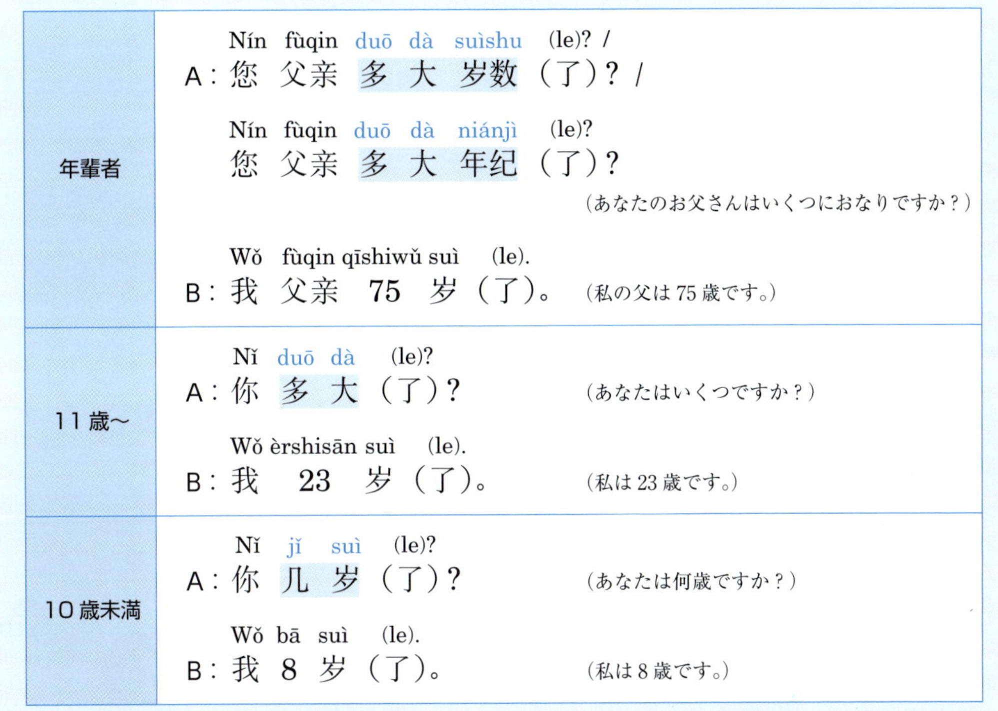

▶年齢を尋ねるさまざまな言い方

年輩者	Nín fùqin duō dà suìshu (le)? / A：您 父亲 多 大 岁数（了）？ / Nín fùqin duō dà niánjì (le)? 您 父亲 多 大 年纪（了）？ （あなたのお父さんはいくつにおなりですか？） Wǒ fùqin qīshiwǔ suì (le). B：我 父亲 75 岁（了）。（私の父は75歳です。）
11歳〜	Nǐ duō dà (le)? A：你 多 大（了）？（あなたはいくつですか？） Wǒ èrshisān suì (le). B：我 23 岁（了）。（私は23歳です。）
10歳未満	Nǐ jǐ suì (le)? A：你 几 岁（了）？（あなたは何歳ですか？） Wǒ bā suì (le). B：我 8 岁（了）。（私は8歳です。）

多 duō 副 どれほど　大 dà 年齢　岁数 suìshu 名 年齢　年纪 niánjì 名 年齢　岁 suì 名 歳

26	明天见！	Míngtiān jiàn!	明日お会いしましょう。
27	哪儿的话！	Nǎr de huà!	［称賛／感謝されて］どういたしまして。いえいえ。
28	您（身体）好吗？	Nín (shēntǐ) hǎo ma?	お元気ですか？
29	您回来了！	Nín huílai le!	お帰りなさい。
30	您来了！	Nín lái le!	いらっしゃいませ。

練習

1 中国語で言ってみましょう。

A：（……………………………………？）（あなたの家には何人の家族がいますか？）

B：（……………………………………。）（……………………………………。）

家族の言い方

CD48

〈父方の〉 yéye 爷爷（祖父）

nǎinai 奶奶（祖母）

〈母方の〉 lǎoye 姥爷（祖父）

lǎolao 姥姥（祖母）

bàba (/fùqin) 爸爸（/父亲）（父）

māma (/mǔqin) 妈妈（/母亲）（母）

gēge 哥哥（兄）

jiějie 姐姐（姉）

xiānsheng 先生（主人）

qīzi 妻子（妻）

wǒ 我（私）

dìdi 弟弟（弟）

mèimei 妹妹（妹）

[háizi] ［孩子］（［子供］）

érzi 儿子（息子）

nǚ'ér 女儿（娘）

II 次の日本語を中国語に訳し、さらにピンインを書きなさい。

★漢字は崩したり略したりせずに書き、文中・文末には句読点や疑問符をつけること。

(1) 図書館は銀行の後ろ側にあります。

ピンイン

中国語

(2) お尋ねしますが、トイレはどこにありますか？

ピンイン

中国語

(3) 私は教室（の中）で英語を勉強します。

ピンイン

中国語

(4) あなたはどこが気持ち悪いですか？

ピンイン

中国語

(5) **A：** あなたは今日は何コマありますか？

ピンイン

中国語

B： 私は今日は２コマあります。

ピンイン

中国語

Dì qī kè

第7课

Nǐ hē hóngchá háishi hē lǜchá?

你喝红茶还是喝绿茶?

本文

CD50

1\. 森： Nǐ hē hóngchá **háishi** hē lǜchá?
你 喝 红茶 **还是** 喝 绿茶?

2\. 李： Wǒ hē lǜchá.
我 喝 绿茶。

3\. 森： Wǒ yě **xiǎng** hē lǜchá.
我 也 **想** 喝 绿茶。

4\. 李： Wǒ juéde lǜchá **bǐ** hóngchá hǎohē.
我 觉得 绿茶 **比** 红茶 好喝。

5\. 森： Wǒ **hé** nǐ **yíyàng**, yě xǐhuan hē lǜchá.
我 **和** 你 **一样**，也 喜欢 喝 绿茶。

6\. 李： Zhēn de ma? Duìle, nǐ de àihào shì shénme?
真 的 吗? 对了，你 的 爱好 是 什么?

7\. 森： Wǒ de àihào shì kàn diànyǐng. Nǐ ne?
我 的 爱好 是 看 电影。 你 呢?

8\. 李： Wǒ xǐhuan lǚxíng.
我 喜欢 旅行。

本文の新出単語

CD49

- □ 红茶 hóngchá [名] 紅茶
- □ 还是 háishi [接] それとも
- □ 想 xiǎng [助動] ～したい
- □ 觉得 juéde [動] 感じる、思う
- □ 比 bǐ [介] ～よりも。比較の対象を導く
- □ 好喝 hǎohē [形]（飲んで）おいしい
- □ 一样 yíyàng [形] 同じである
- □ 对了 duìle （文頭に用い、相手または自分の注意を促す）そうだ
- □ 爱好 àihào [名] 趣味
- □ 喜欢 xǐhuan [動] 好きだ
- □ 旅行 lǚxíng [動] 旅行する

文法の新出単語

CD51

- □ 牛奶 niúnǎi [名] 牛乳
- □ 买 mǎi [動] 買う
- □ 鸡蛋 jīdàn [名] 鶏卵
- □ 点心 diǎnxin [名] 菓子、おやつ
- □ 要 yào [助動]（意志）～したい、～するつもりだ
- □ 寒假 hánjià [名] 冬休み
- □ 时候 shíhou [名] 時
- □ 参加 cānjiā [動] 参加する
- □ 外语 wàiyǔ [名] 外国語
- □ 电视 diànshì [名] テレビ
- □ 换 huàn [動] 取り替える
- □ 包 bāo [名] 鞄
- □ 可能 kěnéng [副] ～かもしれません
- □ 行李 xíngli [名]（旅行の）荷物
- □ 机场 jīchǎng [名] 空港
- □ 接 jiē [動] 出迎える
  - ⇔送 sòng [動] 見送る
- □ 暖和 nuǎnhuo [形] 暖かい
- □ 大 dà [形] 年上である
  - ⇔小 xiǎo [形] 年が若い
- □ 跟 gēn [介] ～と
- □ 面条 miàntiáo [名] 麺類
- □ 米饭 mǐfàn [名] ご飯、米の飯、ライス
- □ 好吃 hǎochī [形]（食べて）おいしい

視 ⇒ 视	換 ⇒ 换	場 ⇒ 场	風 ⇒ 风	聡 ⇒ 聪	涼 ⇒ 凉
煙 ⇒ 烟					

1 A "还是" B（A それとも B）

Tā hē kāfēi háishi hē niúnǎi?
❶ 他 喝 咖啡 还是 喝 牛奶？（彼はコーヒーを飲みますかそれとも牛乳を飲みますか？）

Nǐ mǎi jīdàn háishi mǎi diǎnxin?
❷ 你 买 鸡蛋 还是 买 点心？（あなたは鶏卵を買いますかそれともお菓子を買いますか？）

2 "想"＋動詞（～したい）／"要 (yào)"＋動詞（～したい）

1 "想"＋動詞

Wǒ hánjià de shíhou xiǎng qù cānjiā wàiyǔ bān.
❸ 我 寒假 的 时候 想 去 参加 外语 班。
（私は冬休みのとき、外国語講座へ参加しに行きたいです。）

Wǒ bù xiǎng kàn diànshì.
❹ 我 不 想 看 电视。（私はテレビを見たくありません。）

2 "要"＋動詞

Wǒ yào huàn yí ge bāo.
❺ 我 要 换 一 个 包。（私は鞄を換えたいです。）

Tā kěnéng yǒu liǎng jiàn xíngli. Wǒ yào qù jīchǎng jiē tā.
❻ 她 可能 有 两 件 行李。我 要 去 机场 接 她。
（彼女は荷物が二つあるかもしれません。私は空港へ彼女を迎えに行きたいです。）

"愿意"

Tā yuànyì bāngzhù nǐ.
他 愿意 帮助 你。（彼はあなたを助けたいと思っています。）

Guā fēng hé xià yǔ shí, wǒ bú yuànyì qù.
刮 风 和 下 雨 时，我 不 愿意 去。
（風が吹いて雨が降ったら、私は行きたいと思いません。）

愿意 yuànyì 助動 ～したいと思う　帮助 bāngzhù 動 手伝う、助ける　刮 guā 動（風が）吹く
风 fēng 名 風　下 xià 動（雨や雷が）降る　雨 yǔ 名 雨　时 shí 名 時

3 比較の表現

A "比" B +形容詞(+程度の差) (A は B に比べて~だ)(優勢比較)

Jīntiān bǐ zuótiān nuǎnhuo.
❼ 今天 比 昨天 暖和。 (今日は昨日より暖かいです。)

"今天比昨天很暖和。" という言い方はしない。

Wǒ bǐ Xiǎo-Lǐ dà liǎng suì.
❽ 我 比 小李 大 两 岁。 (私は李さんより二歳年上です。)

A "和 (/ 跟 gēn)" B "一样 yíyàng" +形容詞 (A は B と同じくらい~)(同等比較)

Miàntiáo hé (/gēn) mǐfàn yíyàng hǎochī.
❾ 面条 和(/跟) 米饭 一样 好吃。 (麺類はご飯と同じくらいおいしいです。)

A "没(有) méi(yǒu)" B ("这么 zhème / 那么 nàme") +形容詞
(A は B ほど〈こんなに/あんなに〉~ではない)(劣勢比較)

Xiǎo-Lǐ méiyǒu tā érzi cōngming.
小李 没有 他 儿子 聪明。 (李さんは彼の息子さんほど賢くありません。)

Jīntiān méiyǒu zuótiān nàme liángkuai.
今天 没有 昨天 那么 凉快。 (今日は昨日ほど〈あんなに〉涼しくありません。)

A "和 (/ 跟 gēn)" B "差不多 chàbuduō" +形容詞 (A は B とほぼ同じくらい~)

Wǒ hé (/gēn) nǐ chàbuduō gāo.
我 和(/跟) 你 差不多 高。 (私はあなたとほぼ同じくらいの身長です。)

没(有) méi(yǒu) ~ほど~ない　这么 zhème 代 このように　那么 nàme 代 あのように、そのように　聪明 cōngming 形 賢い　凉快 liángkuai 形 涼しい　差不多 chàbuduō 副 ほとんど　高 gāo 形 高い ⇔ 矮 ǎi 形 (背が) 低い

31	您是哪里?	Nín shì nǎli?	[電話で] どちら様ですか?
32	您是哪位?	Nín shì nǎ wèi?	どちら様ですか?
33	您有什么事儿吗?	Nín yǒu shénme shìr ma?	何か御用ですか?
34	请别抽烟!	Qǐng bié chōuyān!	たばこはご遠慮ください。
35	请等一等!	Qǐng děngyideng!	少々お待ちください。

練 習

I 下の会話文を完成させ、さらに中国語で言ってみましょう。

[例] A：你是美国人吗？　　(あなたはアメリカ人ですか？)

B：不是，我不是美国人。　　(いいえ、私はアメリカ人ではありません。)

(1) A：＿＿＿＿＿＿＿＿＿＿＿＿？　　(あなたは紅茶を飲みますかそれとも緑茶を飲みますか？)

B：＿＿＿＿＿＿＿＿＿＿＿＿。　　(＿＿＿＿＿＿＿＿＿＿。)

(2) A：＿＿＿＿＿＿＿＿＿＿＿＿？　　(あなたの趣味は何ですか？)

B：＿＿＿＿＿＿＿＿＿＿＿＿。　　(＿＿＿＿＿＿＿＿＿＿。)

(3) A：＿＿＿＿＿＿＿＿＿＿＿＿？　　(今日は昨日より暑いですか？)

B：＿＿＿＿＿＿＿＿＿＿＿＿。　　(＿＿＿＿＿＿＿＿＿＿。)

(4) A：＿＿＿＿＿＿＿＿＿＿＿＿？　　(＿＿＿＿＿＿＿＿＿＿？)

B：＿＿＿＿＿＿＿＿＿＿＿＿。　　(私は李さんと同じ年です。)

(5) A：＿＿＿＿＿＿＿＿＿＿＿＿？　　(あなたは絵を描きたいですか？)

B：＿＿＿＿＿＿＿＿＿＿＿＿。　　(＿＿＿＿＿＿＿＿＿＿。)

II 次の日本語を中国語に訳し、さらにピンインを書きなさい。

★漢字は崩したり略したりせずに書き、文中・文末には句読点や疑問符をつけること。

(1) 彼はコーヒーを飲みますかそれとも牛乳を飲みますか？

ピンイン ……………………………………

中国語 ……………………………………

(2) 私は冬休みのとき、外国語講座へ参加しに行きたいです。

ピンイン ……………………………………

中国語 ……………………………………

(3) 今日は昨日より暖かいです。

ピンイン ……………………………………

中国語 ……………………………………

(4) 私は李さん（男性）と同じ年です。

ピンイン ……………………………………

中国語 ……………………………………

(5) **A：** あなたの趣味は何ですか？

ピンイン ……………………………………

中国語 ……………………………………

B： 私の趣味は日本の映画を見ることです。

ピンイン ……………………………………

中国語 ……………………………………

Dì bā kè
第8课

Nǐ xǐhuan nǎ jiàn?
你喜欢哪件?

本文

CD55

1. 李：
Wǒmen qù nà jiā diàn kànkan ba!
我们去那家店看看吧！

2. 森：
Hǎo a! ……Nǐ xiǎng mǎi shénme?
好啊！……你想买什么?

3. 李：
Wǒ xiǎng mǎi yí jiàn máoyī.
我想买一件毛衣。

4. 森：
Nǐ xǐhuan shénme yánsè?
你喜欢什么颜色?

5. 李：
Wǒ xǐhuan lánsè.
我喜欢蓝色。

6. 森：
Nǐ kàn, zhè liǎng jiàn lán máoyī dōu tèbié piàoliang!
你看，这两件蓝毛衣都特别漂亮！

Nǐ xǐhuan nǎ jiàn?
你喜欢哪件?

7. 李：
Zhè liǎng jiàn wǒ dōu xǐhuan. Yígòng duōshao qián?
这两件我都喜欢。一共多少钱?

8. 森：
Yígòng yìqiānbābǎi kuài.
一共1800块。

顔 ⇒ 颜	藍 ⇒ 蓝	亮 ⇒ 亮

本文の新出単語

CD54

単語	ピンイン	品詞・意味
哪	nǎ	代 どの、どれ
毛衣	máoyī	名 セーター
颜色	yánsè	名 色
蓝色	lánsè	名 青色、ブルー
你看	nǐ kàn	ほら、ご覧ください
蓝	lán	形 あい色、青色
特别	tèbié	副 特に
漂亮	piàoliang	形 美しい
一共	yígòng	副 合わせて
多少	duōshao	代 どれほど、いくつ
钱	qián	名 お金
块	kuài	量 元。通貨単位

文法の新出単語

CD56

単語	ピンイン	品詞・意味
袜子	wàzi	名 靴下
啤酒	píjiǔ	名 ビール
国	guó	名 国
一会儿	yíhuìr	数量 ちょっとの間（時間）
一下	yíxià	数量 ちょっと（動作）
读	dú	動 読む
试	shì	動 試す
洗	xǐ	動 洗う
用	yòng	動 用いる
休息	xiūxi	動 休憩する
散步	sàn//bù	動 散歩する
一点儿	yìdiǎnr	数量 ちょっと（分量）
睡（觉）	shuì(//jiào)	動 寝る、眠る
跳舞	tiào//wǔ	動 踊る
洗澡	xǐ//zǎo	動 入浴する
打扫	dǎsǎo	動 掃除する
收拾	shōushi	動 片づける
参观	cānguān	動 見学する
介绍	jièshào	動 紹介する
花茶	huāchá	名 ジャスミンなどの花の香りをつけた茶
乌龙茶	wūlóngchá	名 ウーロン茶
午饭	wǔfàn	名 昼食
饭店	fàndiàn	名 レストラン、ホテル

読 ⇒ 读	試 ⇒ 试	步 ⇒ 步	掃 ⇒ 扫	収 ⇒ 收	観 ⇒ 观
紹 ⇒ 绍	烏 ⇒ 乌	龍 ⇒ 龙	角 ⇒ 角	零 ⇒ 零	進 ⇒ 进

1 疑問詞“哪”

Nǐ yào nǎ shuāng wàzi?
❶ A：你 要 **哪** 双 袜子？ （あなたは**どの**靴下が欲しいですか？）

Wǒ yào zhè shuāng wàzi.
B：我 要 **这** 双 袜子。 （私は**この**靴下が欲しいです。）

Nǐ hē nǎ bēi píjiǔ?
❷ A：你 喝 **哪** 杯 啤酒？ （あなたは**どの**ビールを飲みますか？）

Wǒ hē zhè bēi píjiǔ.
B：我 喝 **这** 杯 啤酒。 （私は**この**ビールを飲みます。）

Nǐ shì nǎguórén?
A：你 是 **哪国人**？ （あなたは**どの国**の方ですか？）

Wǒ shì Rìběnrén.
B：我 是 **日本人**。 （私は**日本人**です。）

2 動詞の重ね型

☞ 動詞を重ねて「ちょっと～する」の意を表す。

☞ 1音節の動詞は間に“一”を入れることができるが、2音節の動詞は入れることができない。

1音節の動詞

kàn (yi) kan / kàn yíhuìr / kàn yíxià
❸ 看（一）看 / 看 一会儿 / 看 一下 （ちょっと見る、ちょっと読む）

dú (yi) du / dú yíhuìr / dú yíxià
读（一）读 / 读 一会儿 / 读 一下 （ちょっと読む）

shì (yi) shi / shì yíhuìr / shì yíxià
试（一）试 / 试 一会儿 / 试 一下 （ちょっと試す）

xǐ (yi) xi / xǐ yíhuìr / xǐ yíxià
洗（一）洗 / 洗 一会儿 / 洗 一下 （ちょっと洗う）

yòng (yi) yong / yòng yíhuìr / yòng yíxià
用（一）用 / 用 一会儿 / 用 一下 （ちょっと用いる）

2音節の動詞

☞2音節の動詞は2種類ある。『中日辞典』で2音節の動詞を調べ、ピンインの間に「//」がなければ離合詞ではない（例えば、“休息(xiūxi)”）。ピンインの間に「//」があれば離合詞である（例えば、“散步(sàn//bù)”）。

離合詞（AAB型）

sànsan bù（/ sàn yíhuìr 〈bù〉）
❹ 散散 步（/ 散 一会儿 〈步〉）　（ちょっと散歩する）

shuìshui jiào（/ shuì yíhuìr 〈jiào〉）
睡睡 觉（/ 睡 一会儿 〈觉〉）　（ちょっと寝る）

tiàotiao wǔ（/ tiào yíhuìr 〈wǔ〉）
跳跳 舞（/ 跳 一会儿 〈舞〉）　（ちょっと踊る）

xǐxi zǎo（/ xǐ yíhuìr 〈zǎo〉）
洗洗 澡（/ 洗 一会儿 〈澡〉）　（ちょっと入浴する）

☞時間を「ちょっと」と言いたいとき、離合詞ではない動詞の場合、動詞の直後に“一会儿”をつける。離合詞の動詞の場合は、動詞の間に“一会儿”を入れる。分量を「少し」と言いたいときに“（一）点儿((yì) diǎnr)”を使うこともある。

hēhe chá（/ hē yíhuìr chá / hē yìdiǎnr chá）
喝喝 茶（/ 喝 一会儿 茶 / 喝 一点儿 茶）　（ちょっとお茶を飲む）

離合詞ではない2音節の動詞（ABAB型）

xiūxixiuxi（/ xiūxi yíhuìr / xiūxi yíxià）
❺ 休息休息（/ 休息 一会儿 / 休息 一下）　（ちょっと休憩する）

dǎsǎodasao（/ dǎsǎo yíhuìr / dǎsǎo yíxià）
打扫打扫（/ 打扫 一会儿 / 打扫 一下）　（ちょっと掃除する）

shōushishoushi（/ shōushi yíhuìr / shōushi yíxià）
收拾收拾（/ 收拾 一会儿 / 收拾 一下）　（ちょっと片づける）

cānguāncanguan（/ cānguān yíhuìr / cānguān yíxià）
参观参观（/ 参观 一会儿 / 参观 一下）　（ちょっと見学する）

jièshàojieshao（/ jièshào yíxià）
介绍介绍（/ 介绍 一下）　（ちょっと紹介する）

3 主題化目的語を文頭に出す表現

Huāchá hé wūlóngchá, wǒ dōu xǐhuan.
❻ 花茶 和 乌龙茶，我 都 喜欢。
（ジャスミン茶とウーロン茶は私はどちらも好きです。）

☞"我 都 喜欢 花茶 和 乌龙茶。"という言い方はしない。

Wǔfàn nǐ zài nǎr chī?
❼ A：午饭 你 在 哪儿 吃？ （昼ご飯はあなたはどこで食べますか？）

Wǔfàn wǒ zài fàndiàn (li) chī.
B：午饭 我 在 饭店（里）吃。（昼ご飯は私はレストラン〈の中〉で食べます。）

▶中国法定貨幣の単位

書き言葉	yuán 元	jiǎo 角	fēn 分	＊1 元 = 10 角 = 100 分
話し言葉	kuài 块	máo 毛	fēn 分	＊1 块 = 10 毛 = 100 分

liǎng yuán líng wǔ fēn / liǎng kuài líng wǔ (fēn)
2.05 元 两 元 零 五 分 / 两 块 零 五（分）

liǎng yuán wǔ jiǎo / liǎng kuài wǔ (máo)
2.50 元 两 元 五 角 / 两 块 五（毛）

shí'èr yuán wǔ jiǎo wǔ fēn / shí'èr kuài wǔ máo wǔ (fēn)
12.55 元 十二 元 五 角 五 分 / 十二 块 五 毛 五（分）

▶ 100以上の数字の読み方

アラビア数字	日本語	中国語	注意点
100	百	yì bǎi 一 百	三ケタ以上の数字の間に欠位（0）があるときは“零”をつける。 0がいくつ続いても“零”は1つのみでよい。
101	百一	yì bǎi líng yī 一 百 零 一	
110	百十	yì bǎi yī shí 一 百 一 十	
1,000	千	yì qiān 一 千	
1,001	千一	yì qiān líng yī 一 千 零 一	
1,010	千十	yì qiān líng yī shí 一 千 零 一 十	
1,100	千百	yì qiān yì bǎi 一 千 一 百	
1,101	千百一	yì qiān yì bǎi líng yī 一 千 一 百 零 一	
10,000	一万	yí wàn 一 万	
10,001	一万一	yí wàn líng yī 一 万 零 一	
10,010	一万十	yí wàn líng yī shí 一 万 零 一 十	
10,100	一万百	yí wàn líng yì bǎi 一 万 零 一 百	
10,101	一万百一	yí wàn líng yì bǎi líng yī 一 万 零 一 百 零 一	

36	请多(多)保重！	Qǐng duō(duō) bǎozhòng!	お大事に。
37	请多(多)关照！	Qǐng duō(duō) guānzhào!	よろしくお願いします。
38	请喝茶！	Qǐng hē chá!	お茶をどうぞ。
39	请进！	Qǐng jìn!	お入りください。
40	请留步！	Qǐng liúbù!	お見送りいただくには及びません。どうぞそのままで。

練　習

I　下の会話文を完成させ、さらに中国語で言ってみましょう。

[例] A：你是美国人吗？　（あなたはアメリカ人ですか？）

B：不是，我不是美国人。　（いいえ、私はアメリカ人ではありません。）

(1) A：＿＿＿＿＿＿＿＿？　（＿＿＿＿＿＿＿＿？）

B：＿＿＿＿＿＿＿＿！　（私たちはあの店に行ってちょっと見てみましょう。）

(2) A：＿＿＿＿＿＿＿＿？　（＿＿＿＿＿＿＿＿？）

B：＿＿＿＿＿＿＿＿。　（私はセーターを一枚買いたいです。）

(3) A：＿＿＿＿＿＿＿＿？　（＿＿＿＿＿＿＿＿？）

B：＿＿＿＿＿＿＿＿。　（この二枚のセーターは私はどちらも好きです。）

(4) A：＿＿＿＿＿＿＿＿？　（＿＿＿＿＿＿＿＿？）

B：＿＿＿＿＿＿＿＿。　（全部で 1,800 元です。）

(5) A：＿＿＿＿＿＿＿＿？　（＿＿＿＿＿＿＿＿？）

B：＿＿＿＿＿＿＿＿。　（昼ご飯は私は食堂で食べます。）

II 次の日本語を中国語に訳し、さらにピンインを書きなさい。

★漢字は崩したり略したりせずに書き、文中・文末には句読点や疑問符をつけること。

(1) 私たちはあの店に行ってちょっと見てみましょう。

ピンイン

中国語

(2) この二枚の青いセーターはどちらもとりわけきれいです。

ピンイン

中国語

(3) あなたはどのセーターを買いたいですか？

ピンイン

中国語

(4) 私はちょっと休憩したいです。

ピンイン

中国語

(5) **A：** これらの服は全部でいくらですか？

ピンイン

中国語

B： 全部で1,800元です。

ピンイン

中国語

Dì jiǔ kè
第 9 课

Nǐ měitiān shuì jǐ ge xiǎoshí?
你每天睡几个小时?

本文

CD60

1. 李：Nǐ měitiān shuì jǐ ge xiǎoshí?
你 每天 睡 几 个 小时?

2. 森：Wǒ měitiān shuì qī ge xiǎoshí.
我 每天 睡 7 个 小时。

3. 李：Nǐ wǎnshang jǐ diǎn shuìjiào?
你 晚上 几 点 睡觉?

4. 森：Wǒ wǎnshang shíyī diǎn shuìjiào.
我 晚上 11 点 睡觉。

5. 李：Nǐ shuìde zhēn zǎo!
你 睡得 真 早!

6. 森：Nà nǐ zǎoshang zěnme lái xuéxiào?
那 你 早上 怎么 来 学校?

7. 李：Wǒ zǎoshang zuò dìtiě lái xuéxiào. Nǐ ne?
我 早上 坐 地铁 来 学校。 你 呢?

8. 森：Wǒ zuò gōnggòngqìchē lái.
我 坐 公共汽车 来。

每 ⇒ 每

本文の新出単語

□	每天	měitiān	名 毎日
□	小时	xiǎoshí	名 時間の単位
□	得	de	助 様態補語を導く
□	早	zǎo	形 (時間が) 早い
	⇔晚	wǎn	形 (時間が) 遅い
□	早上	zǎoshang	名 朝
□	怎么	zěnme	代 どのように、どうですか
□	坐	zuò	動 (乗り物に) 乗る
□	地铁	dìtiě	名 地下鉄
□	公共汽车	gōnggòngqìchē	名 バス

文法の新出単語

□	工人	gōngrén	名 労働者
□	上班	shàng//bān	動 出勤する
	⇔下班	xià//bān	動 退勤する
□	唱歌	chàng//gē	動 歌を歌う
□	唱	chàng	動 歌う
□	最	zuì	副 最も
□	小孩儿	xiǎoháir	名 子供
□	起床	qǐ//chuáng	動 起床する
□	起	qǐ	動 起きる、起床する
□	差	chà	動 隔たりがある
□	远	yuǎn	形 遠い
	⇔近	jìn	形 近い
□	上学	shàng//xué	動 登校する、通学する
□	电车	diànchē	名 電車、トロリーバス
□	上海	Shànghǎi	名 上海
□	飞机	fēijī	名 飛行機
□	汉字	Hànzì	名 漢字
□	写	xiě	動 書く
□	怎么	zěnme	代 どうして、なぜ
□	才	cái	副 やっと、ようやく
□	告诉	gàosu	動 告げる

遠 ⇒ 远	飛 ⇒ 飞	訴 ⇒ 诉	諒 ⇒ 谅	譲 ⇒ 让

1 期間〈時間量〉

Gōngrén shàng jǐ ge xiǎoshí bān?
❶ A：工人 上 几 个 小时 班？（労働者は**何時間**働きますか。）

Gōngrén shàng bā ge xiǎoshí bān.
B：工人 上 8 个 小时 班。（労働者は**8時間**働きます。）

jǐ nián 几 年 （何年間）	jǐ ge yuè 几 个 月 （何カ月）
jǐ tiān 几 天 （何日間）	jǐ (ge) xīngqī 几（个）星期 （何週間）
jǐ fēnzhōng 几 分钟 （何分間）	jǐ (ge) xiǎoshí 几（个）小时／ （何時間） jǐ ge zhōngtóu 几 个 钟头

2 様態補語を導く“得”（～するのが～、～のしかたが～）

❷

主語 [(＋動詞)＋目的語]	動詞 形容詞 …… 名詞×	de 得	補語 (程度や様子を表す言葉など)	日本語訳
Tā (chàng) gē 他（唱）歌	chàng 唱	de 得	zěnme yàng? 怎么 样？	（彼は歌を歌うのはどうですか。）
Tā (chàng) gē 他（唱）歌	chàng 唱		zuì hǎo. 最 好。	（彼は歌を歌うのが最も上手です。）
Zhège xiǎoháir qǐchuáng 这个 小孩儿 起床	qǐ 起		zhēn zǎo. 真 早。	（この子供は起きるのが本当に早いですね。）
	Chà 差		hěn yuǎn. 很 远。	（大きな隔たりがあります。）

☞ 様態補語を導く“得”の直前に名詞を置くことができない。そのため、“她唱歌得很好。”という言い方はしない。

▶「～するのが好きです」という場合は、「“喜欢”＋名詞節」を使う

Tā xǐhuan chuān qúnzi.
她 喜欢 穿 裙子。（彼女はスカートをはくのが好きです。）

Tā xǐhuan zuò chūzūqìchē, bù xǐhuan qí zìxíngchē.
她 喜欢 坐 出租汽车，不 喜欢 骑 自行车。
（彼女はタクシーに乗るのが好きだが、自転車に乗るのが好きではありません。）

裙子 qúnzi 名 スカート　出租汽车 chūzūqìchē 名 タクシー　骑 qí 動（またがって）乗る
自行车 zìxíngchē 名 自転車

▶ "得"と"地"(de)

Qǐng shuōde màn yìdiǎnr.
请 说得 慢 一点儿。 （少しゆっくりと話してください。）

Qǐng mànmānr de shuō.
请 慢慢儿 地 说。 （少しゆっくりと話してください。）

地 de 助 他の語句の後につけて、動詞・形容詞の修飾語をつくる
慢 màn 形（速度が）遅い ⇔快 kuài 形（速度が）速い
慢慢儿 mànmānr 副 ゆっくりと、急がずに

3 "怎么"

1 "怎么"＋動詞（どのように～／どうやって～）

Nǐ měitiān zěnme shàngxué?
❸ A：你 每天 怎么 上学？ （あなたは毎日**どうやって**通学しますか？）

Wǒ zuò diànchē shàngxué.
B：我 坐 电车 上学。 （私は**電車に乗って**通学します。）

Nǐ zěnme qù Shànghǎi?
❹ A：你 怎么 去 上海？ （あなたは**どうやって**上海に行きますか？）

Wǒ zuò fēijī qù Shànghǎi.
B：我 坐 飞机 去 上海。 （私は**飛行機に乗って**上海に行きます。）

Qǐngwèn, zhège Hànzì zěnme xiě?
❺ 请问，这个 汉字 怎么 写？ （すみません、この漢字はどのように書けばいいですか？）

2 "怎么"（どうして～、なぜ～）

Nǐ zěnme cái lái?
❻ 你 怎么 才 来？ （あなたはどうしてやっと来たのですか？）

Nǐ zěnme bú gàosu wǒ?
❼ 你 怎么 不 告诉 我？ （あなたはどうして私に教えてくれないのですか？）

41	请收下！	Qǐng shōuxià!	[贈り物を渡して] お納めください。
42	请问！	Qǐngwèn!	お尋ねしますが。
43	请原谅！	Qǐng yuánliàng!	お許しください。
44	请坐！	Qǐng zuò!	お掛けください。
45	让您久等了！	Ràng nín jiǔděng le!	お待たせしました。

練 習

I 下の会話文を完成させ、さらに中国語で言ってみましょう。

[例] A：你是美国人吗？　（あなたはアメリカ人ですか？）

B：不是，我不是美国人。　（いいえ、私はアメリカ人ではありません。）

(1) A：________________？　（________________？）

B：________________。　（私は毎日７時間寝ます。）

(2) A：________________？　（あなたはよる何時に寝ますか？）

B：________________。　（________________。）

(3) A：________________？　（あなたはあさ何時に起きますか？）

B：________________。　（________________。）

(4) A：________________？　（あなたはあさどうやって学校に来ますか？）

B：________________。　（________________。）

(5) A：________________？　（彼は中国語を話すのがどうですか？）

B：________________。　（________________。）

II 次の日本語を中国語に訳し、さらにピンインを書きなさい。

★漢字は崩したり略したりせずに書き、文中・文末には句読点や疑問符をつけること。

(1) あなたは毎日何時間寝ますか？

ピンイン ……………………………………

中国語 ……………………………………

(2) あなたは寝るのが本当に早いですね。

ピンイン ……………………………………

中国語 ……………………………………

(3) 私は毎朝6時に起きます。

ピンイン ……………………………………

中国語 ……………………………………

(4) あなたはどうして私に教えてくれないのですか？

ピンイン ……………………………………

中国語 ……………………………………

(5) **A：** あなたのお父さんは毎日どうやって会社に行きますか？

ピンイン ……………………………………

中国語 ……………………………………

B： 私の父は毎日自転車で会社に行きます。

ピンイン ……………………………………

中国語 ……………………………………

Dì shí kè

第10课

Nǐ gāngcái qù nǎr le?

你 刚才 去 哪儿 了？

本文

CD65

Nǐ qùguo Xī'ān ma?

1. 李：你 去过 西安 吗？

Wǒ hái méi qùguo. Nǐ ne?

2. 森：我 还 没 去过。 你 呢？

Wǒ qùguo liǎng tàng. …… Nǐ gāngcái qù nǎr le?

3. 李：我 去过 两 趟。…… 你 刚才 去 哪儿 了？

Wǒ qù tī zúqiú le.

4. 森：我 去 踢 足球 了。

Nǐ yòu qù tī zúqiú le?

5. 李：你 又 去 踢 足球 了？

Shì a!

6. 森：是 啊！

Nǐ tīle duō cháng shíjiān?

7. 李：你 踢了 多 长 时间？

Wǒ tīle liǎng ge xiǎoshí.

8. 森：我 踢了 两 个 小时。

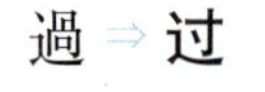

長 ⇒ 长

本文の新出単語

CD64

- 刚才 gāngcái 名 さっき
- 过 guo 助 ～したことがある。経験を表す
- 西安 Xī'ān 名 西安
- 还 hái 副 まだ、やはり
- 趟 tàng 量 ～回。往復する回数を数える
- 了 le 助 動作の実現・完了を表す
- 踢 tī 動 蹴る
- 足球 zúqiú 名 サッカー
- 又 yòu 副 また、その上
- 多 duō 副 どれほど
- 长 cháng 形 長い
  ⇔短 duǎn 形 短い
- 时间 shíjiān 名 時間

文法の新出単語

CD66

- 长城 Chángchéng 名 長城
- 带 dài 動 携帯する
- 伞 sǎn 名 傘
- 已经 yǐjīng 副 既に、もう
- 给 gěi 介 ～に、受益者を導く
- 讲 jiǎng 動 話す
- 故事 gùshi 名 物語
- 没有 méi(you) 副 しなかった。～していない
- 打 dǎ 動 (ある種の遊技やスポーツ、動作や行為を)する
- 网球 wǎngqiú 名 テニス
- 农民 nóngmín 名 農民
- 懂 dǒng 動 わかる
- 了 le 助 状況の変化や新しい事態の発生を確認する
- 司机 sījī 名 運転手
- 胖 pàng 形 太っている
  ⇔瘦 shòu 形 痩せている
- 再 zài 副 また、もう一度
- 还 hái 副 更に、その上
- 碗 wǎn 量 わんに入った物を数える
- 饭 fàn 名 御飯
- 邮票 yóupiào 名 切手
- 遍 biàn 量 ～回。動作(全過程)を数える
- 事 shì 名 事、用事
- 商量 shāngliang 動 相談する
- 出发 chūfā 動 出発する
- 开始 kāishǐ 動 始める
- 准备 zhǔnbèi 動 準備する、用意する
- 会 huì 助動 (練習の成果で)～できる
- 包 bāo 動 包む

帯 ⇒ 带	傘 ⇒ 伞	経 ⇒ 经	給 ⇒ 给	農 ⇒ 农	発 ⇒ 发
準 ⇒ 准	備 ⇒ 备				

1 過去の経験を表す 動詞＋“过”（～したことがある）

主語＋動詞＋“过”＋ 数量、時間量または動作量 （＋目的語〈人称代詞以外〉）

Nǐ qùguo Chángchéng ma?
❶ A：你 去过 长城 吗？（あなたは長城へ行ったことがありますか？）

Wǒ qùguo liǎng tàng Chángchéng.
B：我 去过 两 趟 长城。（私は長城へ 2回 行ったことがあります。）

Tā hái méi qùguo Chángchéng.
❷ 他 还 没 去过 长城。（彼はまだ長城に行ったことがありません。）

2 “了”の使い方

1 実現・完了を表す“了”

主語＋動詞（＋目的語）＋“了”

Nǐ zuótiān dài sǎn le ma?
❸ 你 昨天 带 伞 了 吗？（あなたは昨日傘を持っていましたか？）

Nǐ gāngcái qù nǎr le?
❹ A：你 刚才 去 哪儿 了？（あなたはさっきどこに行きましたか？）

Wǒ qù tī zúqiú le.
B：我 去 踢 足球 了。（私はサッカーをしに行きました。）

主語＋動詞＋“了”＋ 数量、時間量または動作量 （＋目的語〈人称代詞以外〉）

☞“了”は目的語が短いときは文末につけるが、目的語が長いか、数量・時間量あるいは動作量がつくときは動詞につける。

Nǐ tīle duō cháng shíjiān?
❺ A：你 踢了 多 长 时间？（あなたは どのくらい 〈サッカーを〉しましたか？）

Wǒ tīle liǎng ge xiǎoshí.
B：我 踢了 两 个 小时。（私は 2時間 〈サッカーを〉しました。）

Māma yǐjīng gěi wǒ jiǎngle liǎng ge gùshi.
❻ 妈妈 已经 给 我 讲了 两 个 故事。
（母はすでに私に 二つ の物語を話してくれました。）

⑦ 動詞の否定

過去（〜しなかった）	現在（〜していない）	未来（〜しない）
没(有)	没(有)	不
☞ 過去形の否定は"没(有)"を使い、動詞の後に"了"はつけない。	☞ 現在進行形の否定は、"没(有)"を使う。 ＊ 進行と持続のアスペクトについては「第11課 文法1」(p.84)を参照してください。	☞ 未来形の否定は、"不"を使う。
Wǒ zuótiān méi (you) dǎ wǎngqiú. 我 昨天 没(有) 打 网球。 （私は昨日テニスをしませんでした。）	Wǒ xiànzài méi (you) dǎ wǎngqiú. 我 现在 没(有) 打 网球。 （私はいまテニスをしていません。）	Wǒ míngtiān bù dǎ wǎngqiú. 我 明天 不 打 网球。 （私は明日テニスをしません。）

2 変化を表す"了"

Nàge nóngmín dǒng le.
⑧ 那个 农民 懂 了。
（あの農民はわかるようになりました。）

☞ 形容詞＋"了"は過去形ではなく、変化の意味を表す。

Zhège sījī zuìjìn pàng le.
⑨ 这个 司机 最近 胖 了。
（この運転手は最近太りました。）

▶季節の言い方

Xiàtiān dào le.
夏天 到 了。（夏が来ました。）

春天 chūntiān 名 春
夏天 xiàtiān 名 夏
秋天 qiūtiān 名 秋
冬天 dōngtiān 名 冬

3 "又"（また、その上）"再"zài（また、もう一度）"还"hái（まだ。更に、その上）

⑩

動作の繰り返し、もしくは継続を表す	例文
"又" （主に過去に行われた動作の繰り返しを表す）	Tā yòu chīle yì wǎn fàn. 他 又 吃了 一 碗 饭。（彼はまたご飯をおかわりしました。） Gēge yòu mǎile liǎng zhāng yóupiào. 哥哥 又 买了 两 张 邮票。（兄はまた二枚の切手を買いました。）
"再" （未来に行われる動作の繰り返しを表す）	Qǐng zài shuō yí biàn. 请 再 说 一 遍。（もう一度言ってください。） Zhè jiàn shì zài shāngliangshangliang ba! 这 件 事 再 商量商量 吧！（このことはもう少し相談しましょう。）
"还" （①継続・変化がないとき ②疑問文に用いるとき ③助動詞の前に置くこともある）	Tā hái méi chūfā. 她 还 没 出发。（彼女はまだ出発していません。） Nǐ hái méi kāishǐ zhǔnbèi ma? 你 还 没 开始 准备 吗？（あなたはまだ準備し始めていませんか？） Wǒ hái huì bāo jiǎozi. 我 还 会 包 饺子。（私はギョーザを作ることもできます。）

挨拶表現60

46	认识您，很高兴！	Rènshi nín, hěn gāoxìng!	お知り合いになれてうれしいです。
47	生日快乐！	Shēngrì kuàilè!	お誕生日おめでとう。
48	是(的)！	Shì(de)!	そうです。はい。
49	我来晚了！	Wǒ láiwǎn le!	[遅刻をわびて]遅くなりました。
50	我先走了！	Wǒ xiān zǒu le!	お先に失礼します。

練習

I 下の会話文を完成させ、さらに中国語で言ってみましょう。

[例] A：你是美国人吗？ (あなたはアメリカ人ですか？)

B：不是，我不是美国人。 (いいえ、私はアメリカ人ではありません。)

(1) A：＿＿＿＿＿＿＿＿？ (あなたはさっきどこへ行きましたか？)

B：＿＿＿＿＿＿＿＿。 (＿＿＿＿＿＿＿＿。)

(2) A：＿＿＿＿＿＿＿＿？ (＿＿＿＿＿＿＿＿？)

B：＿＿＿＿＿＿＿＿。 (彼はまた服を買いに行きました。)

(3) A：＿＿＿＿＿＿＿＿？ (＿＿＿＿＿＿＿＿？)

B：＿＿＿＿＿＿＿＿。 (私は2時間勉強しました。)

(4) A：＿＿＿＿＿＿＿＿？ (あなたは北京に行ったことがありますか？)

B：＿＿＿＿＿＿＿＿。 (＿＿＿＿＿＿＿＿。)

(5) A：＿＿＿＿＿＿＿＿？ (昨日お母さんは物語をいくつ話してくれましたか？)

B：＿＿＿＿＿＿＿＿。 (＿＿＿＿＿＿＿＿。)

II 次の日本語を中国語に訳し、さらにピンインを書きなさい。

★漢字は崩したり略したりせずに書き、文中・文末には句読点や疑問符をつけること。

(1) 私は昨日サッカーをしに行きました。

ピンイン ……………………

中国語 ……………………

(2) 私はまだ西安に行ったことがありません。

ピンイン ……………………

中国語 ……………………

(3) あなたは昨日どのくらい勉強しましたか？

ピンイン ……………………

中国語 ……………………

(4) 私の友達は長城へ2回行ったことがあります。

ピンイン ……………………

中国語 ……………………

(5) **A：** 兄はまた二枚の切手を買いました。

ピンイン ……………………

中国語 ……………………

B： すみません、もう一度言ってください。

ピンイン ……………………

中国語 ……………………

Dì shíyī kè
第11课

Nǐ zài gàn shénme ne?
你在干什么呢？

本文

CD70

1. 李：
Nǐ zài gàn shénme ne?
你在干什么呢？

2. 森：
Wǒ zài zuò zuòyè ne.
我在做作业呢。

3. 李：
Nǐ zhēn rènzhēn a! Xiūxi yíhuìr, hē diǎnr chá ba!
你真认真啊！休息一会儿，喝点儿茶吧！

4. 森：
Hǎode, wǒ zhènghǎo yǒudiǎnr kě le.
好的，我正好有点儿渴了。

5. 李：
Nǐ xiàwǔ yǒu kòngr ma? Dǎsuan gàn shénme?
你下午有空儿吗？打算干什么？

6. 森：
Yǒu kòngr a, wǒ dǎsuan qù kàn diànyǐng.
有空儿啊，我打算去看电影。

7. 李：
Nǐ xiǎng kàn shénme diànyǐng?
你想看什么电影？

8. 森：
Wǒ xiǎng kàn Rìběn diànyǐng.
我想看日本电影。

業 ⇒ 业

本文の新出単語

□	在	zài	副 ～している
□	干	gàn	動 する、やる
□	呢	ne	助 持続の語気を表す
□	作业	zuòyè	名 宿題
□	认真	rènzhēn	形 真面目である、熱心である
□	正好	zhènghǎo	副 ちょうど
□	有点儿	yǒudiǎnr	副 (望ましくない事について) 少し
□	渴	kě	形 のどが渇いている
□	有空儿	yǒu kòngr	時間がある、暇がある
□	打算	dǎsuan	動 ～するつもりだ

文法の新出単語

□	正在	zhèngzài	副 ～している
□	照相	zhào//xiàng	動 写真を撮る
□	找	zhǎo	動 探す、捜す
□	照片	zhàopiàn	名 写真
□	门	mén	名 ドア、門
□	关	guān	動 閉める
	⇔开	kāi	動 開ける
□	着	zhe	助 ～している。持続を表す
□	窗户	chuānghu	名 窓
□	等	děng	動 待つ
□	累	lèi	形 疲れている
□	拿	ná	動 (手に) 持つ
□	天	tiān	名 空、天、天空
□	黑	hēi	形 暗い
□	邮局	yóujú	名 郵便局
□	寄	jì	動 郵送する
□	打	dǎ	動 (電話を) かける

黒 ⇒ 黑	渇 ⇒ 渴	郵 ⇒ 邮	戸 ⇒ 户

1 進行と持続のアスペクト

"正在"/"正"/"在"＋動詞＋"呢"（～している。動作の進行、進行のアスペクトを表す）

☞"正""在""呢"のどれか一文字だけでも継続を表すことができる。

Tā zhèngzài zhàoxiàng ne.
❶ 她 正在 照相 呢。 （彼女はちょうど写真を撮っているところです。）

☞現在進行形の否定は、"没（有）"を使う。

Tā méi zài zhǎo zhàopiàn.
❷ 他 没 在 找 照片。 （彼は写真を探していません。）

動詞＋"着 (zhe)"（～している。状態の持続、動作の進行、持続あるいは進行のアスペクトを表す）

Mén guānzhe, chuānghu kāizhe.
❸ 门 关着，窗户 开着。 （ドアは閉まっていますが、窓は開いています。）

▶色の言い方

Nà wèi chuānzhe lán dàyī de rén shì shuí?
A：那 位 穿着 蓝 大衣 的 人 是 谁？
（見えましたか？あの青いコートを着ている人はどなたですか？）

Wǒ yě bú tài qīngchu.
B：我 也 不 太 清楚。（私もあまりよくわかりません。）

位 wèi 量 敬意を込めて人を数える　穿 chuān 動 着る、履く　大衣 dàyī 名 コート
清楚 qīngchu 形 はっきりしている

参考
白 bái 形 白い　黑 hēi 形 黒い　红 hóng 形 赤い　黄 huáng 形 黄色い　绿 lǜ 形 緑（の）

▶動詞1＋"着"＋動詞2（「～している状態で～する」を表している）

Lǎoshī zhànzhe shàngkè, wǒmen zuòzhe xuéxí Hànyǔ.
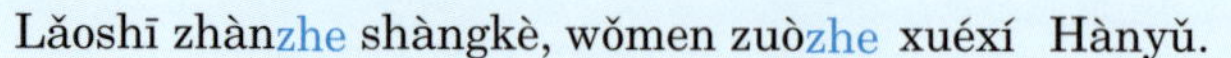
老师 站着 上课，我们 坐着 学习 汉语。
（先生は立って授業をしますが、私たちは座って中国語を勉強します。）

Tā cháng (cháng) zǒuzhe qù xiǎoxué.
他 常（常） 走着 去 小学。（彼はよく歩いて小学校に行きます。）

站 zhàn 動 立つ　上课 shàng//kè 動 授業が始まる。授業に出る ⇔ 下课 xià//kè 動 授業が終わる
坐 zuò 動 座る　常（常） cháng(cháng) 副 いつも、しょっちゅう　走 zǒu 動 歩く
小学 xiǎoxué 名 小学校

2 "一会儿""有点儿""一点儿"（ちょっと～、少し～）

動詞＋"一会儿"（ちょっと～〈時間がわずか〉）

Qǐng děng yíhuìr.
❹ 请 等 一会儿。 （少しお待ちください。）

Wǒ lèi le, nǐ ná yíhuìr ba!
❺ 我 累 了，你 拿 一会儿 吧！ （私は疲れました、あなたがちょっと持っていてください。）

"有点儿"＋形容詞（ちょっと～〈望ましくないことが多い〉）

Zhè jiàn yīfu yǒudiǎnr xiǎo.
❻ 这 件 衣服 有点儿 小。 （この服は少し小さいです。）

Tiān yǒudiǎnr hēi le.
❼ 天 有点儿 黑 了。 （空が少し暗くなりました。）

動詞＋"(一) 点儿"（ちょっと～〈量がわずか〉）

Wǒ xiǎng hē diǎnr chá.
❽ 我 想 喝 点儿 茶。 （私はお茶を少し飲みたいです。）

▶味の言い方

Zhège cài wèidao zěnmeyàng?
A：这个 菜 味道 怎么样？ （この料理は味はどうですか？）

Zhège cài yǒudiǎnr xián.
B：这个 菜 有点儿 **咸**。 （この料理は少し**塩辛い**です。）

菜 cài 名 料理、おかず　味道 wèidao 名 味　咸 xián 形 塩辛い

参考

苦 kǔ 形 苦い　辣 là 形 辛い　酸 suān 形 酸っぱい　甜 tián 形 甘い

3 "打算"＋動詞（～するつもりです）

Tā dǎsuan qù yóujú jì xìn.
❾ 他 打算 去 邮局 寄 信。 （彼は郵便局へ手紙を出しに行くつもりです。）

Wǒ bù dǎsuan gěi tā dǎ diànhuà.
❿ 我 不 打算 给 他 打 电话。 （私は彼に電話をかけるつもりはありません。）

51	我走了！	Wǒ zǒu le!	行って参ります。
52	新年快乐！	Xīnnián kuàilè!	新年おめでとう。
53	辛苦了！	Xīnkǔ le!	ご苦労様。
54	行！	Xíng!	よろしい。構いません。
55	一路平安！	Yílù píng'ān!	道中ご無事で。

練習

I 下の会話文を完成させ、さらに中国語で言ってみましょう。

[例] **A：** 你是美国人吗？ （あなたはアメリカ人ですか？）

B： 不是，我不是美国人。 （いいえ、私はアメリカ人ではありません。）

(1) **A：** ＿＿＿＿＿＿＿＿＿＿＿＿＿？ （＿＿＿＿＿＿＿＿＿＿＿＿？）

B： ＿＿＿＿＿＿＿＿＿＿＿＿＿。 （私は中国語を勉強しています。）

(2) **A：** ＿＿＿＿＿＿＿＿＿＿＿＿＿？ （午後あなたは何をするつもりですか？）

B： ＿＿＿＿＿＿＿＿＿＿＿＿＿。 （＿＿＿＿＿＿＿＿＿＿＿＿。）

(3) **A：** ＿＿＿＿＿＿＿＿＿＿＿＿＿？ （＿＿＿＿＿＿＿＿＿＿＿＿。）

B： ＿＿＿＿＿＿＿＿＿＿＿＿＿。 （私は午後は空いています。）

(4) **A：** ＿＿＿＿＿＿＿＿＿＿＿＿＿？ （＿＿＿＿＿＿＿＿＿＿＿＿？）

B： ＿＿＿＿＿＿＿＿＿＿＿＿＿。 （私は少し疲れました。）

(5) **A：** ＿＿＿＿＿＿＿＿＿＿＿＿＿？ （＿＿＿＿＿＿＿＿＿＿＿＿？）

B： ＿＿＿＿＿＿＿＿＿＿＿＿＿。 （私は彼に電話をするつもりがありません。）

II 次の日本語を中国語に訳し、さらにピンインを書きなさい。

★漢字は崩したり略したりせずに書き、文中・文末には句読点や疑問符をつけること。

(1) あなたは何をしていますか？

ピンイン ……………………………………

中国語 ……………………………………

(2) あなたは本当にまじめですね。

ピンイン ……………………………………

中国語 ……………………………………

(3) ちょっと休憩してください。

ピンイン ……………………………………

中国語 ……………………………………

(4) 私はちょうど少しのどが渇いたところです。

ピンイン ……………………………………

中国語 ……………………………………

(5) **A：** あなたは午後何をするつもりですか？

ピンイン ……………………………………

中国語 ……………………………………

B： 私は日本の映画を見に行くつもりです。

ピンイン ……………………………………

中国語 ……………………………………

Dì shí'èr kè
第12课

Nǐ huì kāichē ma?
你会开车吗？

本文

CD75

1. 森：
Nǐ huì kāichē ma?
你会开车吗？

2. 李：
Wǒ huì. Nǐ ne?
我会。你呢？

3. 森：
Wǒ bú huì. Wǒ kěyǐ zuòzài zhèr ma?
我不会。我可以坐在这儿吗？

4. 李：
Kěyǐ a, qǐng zuò!
可以啊，请坐！

5. 森：
Wǒ sòng nǐ yí jiàn lǐwù.
我送你一件礼物。

6. 李：
Tài hǎokàn le! Xièxie nǐ!
太好看了！谢谢你！

7. 森：
Nǐ bié kū a!
你别哭啊！

8. 李：
Huí Rìběn yǐhòu, nǐ bié wàng le wǒ.
回日本以后，你别忘了我。

本文の新出単語

- □ 会 huì 助動 (練習の成果で)～できる
- □ 开车 kāi//chē 動 (車を)運転する
- □ 可以 kěyǐ 助動 (条件が許して)～できる。～してもよい
- □ 送 sòng 動 贈る、プレゼントする
- □ 礼物 lǐwù 名 プレゼント
- □ 好看 hǎokàn 形 美しい
- □ 别 bié 副 ～してはいけない
- □ 哭 kū 動 泣く
  - ⇔笑 xiào 動 笑う
- □ 忘 wàng 動 忘れる

文法の新出単語

- □ 游泳 yóu//yǒng 動 泳ぐ
- □ 百 bǎi 数 百(の位)
- □ 米 mǐ 名 メートル
- □ 只 zhǐ 副 ただ～だけ
- □ 给 gěi 動 与える
- □ 机会 jīhui 名 機会
- □ 教 jiāo 動 教える
- □ 历史 lìshǐ 名 歴史
- □ 问 wèn 動 尋ねる
- □ 问题 wèntí 名 質問
- □ 不要 búyào 副 ～してはいけない
- □ 紧张 jǐnzhāng 形 緊張している
- □ 怕 pà 動 怖がる
- □ 抽烟 chōu//yān 動 たばこを吸う。喫煙する
- □ 着急 zháo//jí 動 焦る、いらだつ

練 ⇒ 练	歷 ⇒ 历	賀 ⇒ 贺

1 助動詞"会"(技能)、"能"(néng)(能力、条件)、"可以"(条件、許可)(～できる)

❶

文型 / 助動詞	疑問文	肯定文	否定文
"会"(技能)	Tā huì yóuyǒng ma? 他会游泳吗? Tā huì bu huì yóuyǒng? 他会不会游泳? (彼は泳げますか?)	Tā huì yóuyǒng. 他会游泳。 (彼は泳げます。)	Tā bú huì yóuyǒng. 他不会游泳。 (彼は泳げません。)
"能"(能力、条件)	Tā néng yóu yì bǎi mǐ ma? 他能游一百米吗? Tā néng bu néng yóu yì bǎi mǐ? 他能不能游一百米? (彼は百メートル泳げますか?)	Tā néng yóu yì bǎi mǐ. 他能游一百米。 (彼は100メートル泳げます。)	Tā bù shūfu, 他不舒服, bù néng yóuyǒng. 不能游泳。 (彼は体調が悪いから、泳げません。)
"可以"(条件、許可)	Zhèr kěyǐ yóuyǒng ma? 这儿可以游泳吗? Zhèr kě bu kěyǐ yóuyǒng? 这儿可不可以游泳? (ここで泳いでもいいですか?)	Zhèr kěyǐ yóuyǒng. 这儿可以游泳。 (ここで泳いでもいいです。)	Zhèr bù néng yóuyǒng. 这儿不能游泳。 (ここで泳ぐことができません。)

Zhè liàng chē zhǐ néng zuò bā ge rén.
❷ 这辆车只能坐8个人。 (この車は8人しか乗れません。)

▶ "不行"と"不能"

Wǒ kěyǐ tǎngzài zhèr ma?
A:我可以躺在这儿吗? (私はここに横たわってもいいですか?)

Bù xíng (/bù néng). Nǐ yīnggāi zuòzài zhèr.
B:不行(/不能)。你应该坐在这儿。
(だめです。あなたはここに座るべきです。)

Wǒ kěyǐ jiē diànhuà ma?
A:我可以接电话吗? (私が電話に出てもいいですか?)

Nǐ bù néng jiē diànhuà. Nǐ děi mǎshàng qù jiàoshì liànxí fāyīn.
B:你不能接电话。你得马上去教室练习发音。
(あなたは電話に出てはいけません。あなたはすぐに教室に行って発音の練習をしなければなりません。)

☞"你不行接电话。"という言い方はしない。

躺 tǎng 動 横たわる　行 xíng 形 よろしい。大丈夫だ　应该 yīnggāi 助動 ～すべきである
接 jiē 動 (電話などを)受ける　得 děi 助動 ～しなければならない　马上 mǎshàng 副 すぐ
练习 liànxí 動 練習する　发音 fāyīn 名 発音

2 二重目的語（～に～を～）

動詞＋目的語１（～〈人〉に）＋目的語２（～〈物〉を）

Qǐng gěi wǒ yí ge jīhui.
❸ 请 给 我 一 个 机会。 （私に一度チャンスをください。）

Wáng lǎoshī jiāo wǒmen lìshǐ.
❹ 王 老师 教 我们 历史。 （王先生は私たちに歴史を教えます。）

Lǎoshī, wǒ xiǎng wèn nín yí ge wèntí.
❺ 老师，我 想 问 您 一 个 问题。 （先生、一つ質問したいことがあります。）

3 禁止の表現“别… / 不要(bú yào) …”（〈禁止を表す〉～するな）

Bié jǐnzhāng, bié pà.
❻ 别 紧张，别 怕。 （緊張しないで、怖がらないでください。）

Qǐng bié zài zhèr chōuyān.
❼ 请 别 在 这儿 抽烟。 （ここでタバコを吸わないでください。）

Bié zháojí.
❽ 别 着急。 （焦らないでください。）

▶ “要”（～しなければならない）⇔“不要”（～するな）

Nǐ tīngjiàn le ma? Jīntiān nǐ búyào dài màozi.
A：你 听见 了 吗？ 今天 你 不要 戴 帽子。
（聞こえましたか？今日、あなたは帽子を被らないでください。）

Hǎo de.
B：好 的。 （はい、わかりました。）

▶ “要”（～する必要がある）⇔“不用”（～する必要がない）

Jīntiān wǒ yào dài màozi ma?
A：今天 我 要 戴 帽子 吗？ （今日、私は帽子を被る必要はありますか？）
Búyòng.
B：不用。 （必要ありません。）

听见 tīng//jiàn 動 聞こえる　戴 dài 動 （頭や顔・腕に）着ける　帽子 màozi 名 帽子
要 yào 助動 ①～しなければならない ②～する必要がある　不用 búyòng 副 ～する必要はない

挨拶表現 60

56	有人吗?	Yǒu rén ma?	誰かいますか?
57	再坐(一)会儿吧!	Zài zuò (yí)huìr ba!	〔引き止めて〕もう少しゆっくりしていってください。
58	祝贺您!	Zhùhè nín!	おめでとうございます。
59	祝您(身体)健康!	Zhù nín (shēntǐ) jiànkāng!	お元気で。
60	最近忙吗?	Zuìjìn máng ma?	近頃お忙しいですか?

練 習

I 下の会話文を完成させ、さらに中国語で言ってみましょう。

[例] A：你是美国人吗？ (あなたはアメリカ人ですか？)

B：不是，我不是美国人。 (いいえ、私はアメリカ人ではありません。)

(1) A：________________? (あなたは車を運転することができますか？)

B：________________。 (________________。)

(2) A：________________? (私はここに座ってもいいですか？)

B：________________。 (________________。)

(3) A：________________? (彼は何メートル泳げますか？)

B：________________。 (________________。)

(4) A：________________? (あなたは彼女に何をあげますか？)

B：________________。 (________________。)

(5) A：________________? (________________？)

B：________________。 (先生は私たちに中国語を教えます。)

II 次の日本語を中国語に訳し、さらにピンインを書きなさい。

★漢字は崩したり略したりせずに書き、文中・文末には句読点や疑問符をつけること。

(1) 彼女は車の運転ができません。

ピンイン

中国語

(2) 私はあなたに一つのプレゼントをあげます。

ピンイン

中国語

(3) 私は教室で発音の練習をしなければなりません。

ピンイン

中国語

(4) この帽子を被らないでください。

ピンイン

中国語

(5) **A：** ここで泳いでもいいですか？

ピンイン

中国語

B： ここで泳ぐことができません。

ピンイン

中国語

中国語検定準４級模擬試験

リスニング

CD79 **1**

1. これから読む(1)～(5)の中国語と一致するものを、それぞれ①～④の中から１つ選びなさい。
(10点)

	①	②	③	④
(1)	① ké	② gē	③ hù	④ gù
(2)	① zhǐ	② sǐ	③ zǐ	④ shǐ
(3)	① xiě	② xuě	③ shǒu	④ shuǐ
(4)	① chuān	② chuāng	③ chuáng	④ chuán
(5)	① líng	② lǐng	③ liáng	④ lín

CD80

2. (6)～(10)のピンイン表記と一致するものを、それぞれ①～④の中から１つ選びなさい。
(10点)

(6) shuìjiào　①　②　③　④

(7) Hányǔ　①　②　③　④

(8) bēizi　①　②　③　④

(9) xiūxi　①　②　③　④

(10) yǎnjing　①　②　③　④

CD81

3. (11)～(15)の日本語を中国語で言い表す場合、最も適当なものを、それぞれ①～④の中から１つ選びなさい。
(10点)

(11) 新聞

①

②

③

④

(12) パソコン

①

②

③

④

(13) 姉

①

②

③

④

⑭ 空港

①

②

③

④

⒂ きのう

①

②

③

④

CD82 **2** **1.** ⑴～⑸の日本語を中国語で言い表す場合、最も適当なものを、それぞれ①～④の中から1つ選びなさい。 (10点)

⑴ 留学生

①

②

③

④

⑵ 火曜日

①

②

③

④

⑶ 19歳

①

②

③

④

⑷ 寒い

①

②

③

④

(5) 2010

①

②

③

④

CD83

2. (6)～(10)のような場合、中国語ではどのように言うのが最も適当か、それぞれ①～④の中から1つ選びなさい。 (10点)

(6) 人に謝るとき

①

②

③

④

(7) 室内に招き入れるとき

①

②

③

④

(8) 時間をたずねるとき

①

②

③

④

(9) 家族の人数をたずねるとき

①

②

③

④

(10) 値段をたずねるとき

①

②

③

④

筆　記

3 **1.** (1)～(5)の中国語の正しいピンインの表記を、それぞれ①～④の中から１つ選びなさい。

(10点)

(1) 有　① yòu　② yǒu　③ jiǔ　④ qiǔ

(2) 快　① kuài　② guài　③ gài　④ kài

(3) 班　① pàng　② bàng　③ bān　④ pān

(4) 知道　① chídào　② zhīdao　③ jīdao　④ qīdào

(5) 音乐　① yīyuàn　② yīnyuàn　③ yīyuè　④ yīnyuè

2. (6)～(10)の日本語の意味になるように空欄を埋めるとき、最も適当なものを、それぞれ①～④の中から１つ選びなさい。

(10点)

(6) あの医者は田中玲子といいます。

那个医生（　　　　）田中玲子。

① 有　② 姓　③ 在　④ 叫

(7) あなたはいつ北京に来ますか？

你（　　　　）来北京？

① 什么时候　② 哪里　③ 怎么样　④ 什么

(8) あなたはどれが好きですか？

你喜欢（　　　　）？

① 谁　② 那件　③ 哪件　④ 那里

(9) あなたは毎日何時間寝ますか？

你每天睡几个（　　　　）？

① 时间　② 分钟　③ 点　④ 小时

(10) 彼は泳げますか？

他（　　　　）游泳？

① 行不行　② 会不会　③ 可以不可以　④ 能不能

3. ⑾〜⒂の日本語を中国語で言い表す場合、最も適当なものを、それぞれ①〜④の中から1つ選びなさい。 (10点)

⑾ あの食堂は大きいです。

① 那个食堂大。
② 那个食堂很大。
③ 食堂很大那个。
④ 食堂大那个。

⑿ これはどなたの辞書ですか？

① 这是谁的词典？
② 这谁词典？
③ 这是词典谁的？
④ 这词典谁的？

⒀ 私はテレビを見たくありません。

① 我不看电视想。
② 我想电视不看。
③ 我看电视不想。
④ 我不想看电视。

⒁ 私は西安に二回行ったことがあります。

① 我两趟去了西安。
② 我两趟去过西安。
③ 我去过两趟西安。
④ 我去了西安两趟。

⒂ 彼女はちょうど写真を撮っているところです。

① 她正在照相呢。
② 她在照相正呢。
③ 照相她正在呢。
④ 照相正在她呢。

4 ⑴〜⑸の日本語を中国語に訳したとき、下線部の日本語に当たる中国語を漢字（簡体字）で書きなさい。なお、⑴・⑵はいずれも漢字１文字で、⑶〜⑸はいずれも漢字２文字で解答しなさい。（漢字は崩したり略したりせずに書くこと。）（20点）

⑴　a　服を着替える。

　　b　ギョーザを食べる。

⑵　a　学校は遠い。

　　b　車は高い。

⑶　駅に着く。

⑷　宿題をする。

⑸　雑誌を買う。

語句索引

［発］は発音編のページを示す。［　］の数字は初出の課を示す。

A

語句	ピンイン	品詞・意味	課
啊	a	助 感嘆や催促の語気を表す	[3]
矮	ǎi	形 （背が）低い	[7]
爱好	àihào	名 趣味	[7]
爱人	àiren	名 配偶者	[2]

B

語句	ピンイン	品詞・意味	課
八	bā	数 8	[発] [4]
把	bǎ	量 柄や握りのある物を数える	[4]
爸爸	bàba	名 父さん、父	[6]
吧	ba	助 要請・推測などの語気を表す	[5]
白	bái	形 白い	[11]
百	bǎi	数 百（の位）	[発] [8] [12]
班	bān	名 クラス	[6]
半	bàn	数 2分之1、半	[5]
帮助	bāngzhù	動 手伝う、助ける	[7]
包	bāo	名 鞄	[7]
		動 包む	[12]
报（纸）	bào(zhǐ)	名 新聞	[2]
杯	bēi	量 ～杯。カップに入った物を数える	[4]
杯子	bēizi	名 コップ、グラス	[発]
北边	běibian	名 北、北の方	[6]
北京	Běijīng	名 北京	[5]
北面	běimian	名 北、北の方	[6]
被子	bèizi	名 布団	[発]
本	běn	量 ～冊。書籍類を数える	[4]
本子	běnzi	名 ノート	[2]
比	bǐ	介 ～よりも。比較の対象を導く	[7]
笔	bǐ	名 ペン、筆記具	[4]
遍	biàn	量 ～回。動作（全過程）を数える	[10]
别	bié	副 ～してはいけない	[発] [12]
伯伯	bóbo	名 おじ、おじさん	[発]
不	bù	副 ①～ない、否定を表す	[1]
		②いいえ、応答に用いる	[発] [1]
不太	bú tài	あまり～ではない	[4]
不要	búyào	副 ～してはいけない	[12]
不用	búyòng	副 ～する必要はない	[発] [12]

C

語句	ピンイン	品詞・意味	課
才	cái	副 やっと、ようやく	[9]
菜	cài	名 料理、おかず	[11]
参观	cānguān	動 見学する	[8]
参加	cānjiā	動 参加する	[7]
厕所	cèsuǒ	名 トイレ	[6]
茶	chá	名 お茶	[1]
差	chà	動 ①不足する	[5]
		②隔たりがある	[9]
差不多	chàbuduō	副 ほとんど	[7]
长	cháng	形 長い	[10]
长城	Chángchéng	名 長城	[10]
常（常）	cháng(cháng)	副 いつも、しょっちゅう	[11]
唱	chàng	動 歌う	[9]
唱歌	chàng//gē	動 歌を歌う	[9]
车	chē	名 車	[4]
车站	chēzhàn	名 駅、バス停	[6]
吃	chī	動 食べる	[発] [1]
吃饭	chī//fàn	動 食事をする	[1]
抽烟	chōu//yān	動 たばこを吸う。喫煙する	[12]
出发	chūfā	動 出発する	[10]
出租汽车	chūzūqìchē	名 タクシー	[9]
穿	chuān	動 着る、履く	[発] [11]
船	chuán	名 船	[発]
窗	chuāng	名 窓	[発]
窗户	chuānghu	名 窓	[11]
床	chuáng	名 ベッド	[発]
春节	Chūnjié	名 旧正月	[3]
春天	chūntiān	名 春	[10]
词典	cídiǎn	名 辞書	[4]
次	cì	量 ～回。動作を数える	[発]
聪明	cōngming	形 賢い	[7]

D

語句	ピンイン	品詞・意味	課
打	dǎ	動 （ある種の遊技やスポーツ、	

動作や行為を）する [10]
動 （電話を）かける [11]
打扫 dǎsǎo 動 掃除する [8]
打算 dǎsuan 動 ～するつもりだ [11]
大 dà 形 大きい [4]
形 年上である [6] [7]
年齢 [6]
大家 dàjiā 代 みんな [発]
大学 dàxué 名 大学 [2]
大学生 dàxuéshēng 名 大学生 [2]
大衣 dàyī 名 コート [11]
带 dài 動 携帯する [10]
戴 dài 動 （頭や顔・腕に）着ける [12]
大夫 dàifu 名 医者（口語的） [3]
到 dào 動 到着する [発] [5]
得 de 助 様態補語を導く [9]
的 de 助 ～の、名詞修飾語を作る [発] [2]
助 ①肯定の語気 [1]
②動作がすでに行われたことを表す [2]
地 de 助 他の語句の後につけて、動詞・形容詞の修飾語をつくる [9]
得 děi 助動 ～しなければならない [12]
等 děng 動 待つ [11]
第 dì 頭 整数の前に用い順序を表す [1]
地方 dìfang 名 所、場所 [6]
地铁 dìtiě 名 地下鉄 [9]
地图 dìtú 名 地図 [4]
弟弟 dìdi 名 弟 [2]
点 diǎn 名 ～時。時刻を表す [5]
点钟 diǎn zhōng 名 （時間の単位）時 [5]
点心 diǎnxin 名 菓子、おやつ [7]
电车 diànchē 名 電車、トロリーバス [9]
电话 diànhuà 名 電話 [6]
电脑 diànnǎo 名 パソコン [3]
电视 diànshì 名 テレビ [7]
电影 diànyǐng 名 映画 [2]
东边 dōngbian 名 東、東の方 [6]
东面 dōngmian 名 東、東の方 [6]
东西 dōngxi 名 物、品物 [2]
冬天 dōngtiān 名 冬 [10]
懂 dǒng 動 わかる [10]
动物 dòngwù 名 動物 [2]
都 dōu 副 みな、全部、いずれも [3]
读 dú 動 読む [8]
肚子 dùzi 名 腹 [発] [6]
短 duǎn 形 短い [10]
对 duì 形 合っている、正しい [発]
对不起 duìbuqǐ 〈套〉 すみません。申し訳ない [発]
对了 duìle （文頭に用い、相手または自分の注意を促す）そうだ [7]
对面 duìmiàn 名 真向い、向こう [6]
多 duō 副 どれほど [6] [10]
形 多い [発] [1]
多少 duōshao 代 どれほど、いくつ [8]

E

鹅 é 名 ガチョウ [発]
饿 è 形 空腹な [発]
儿子 érzi 名 息子 [6]
耳 ěr 名 耳 [発]
二 èr 数 2 [発] [4]

F

发音 fāyīn 名 発音 [12]
饭 fàn 名 御飯 [発] [10]
饭店 fàndiàn 名 レストラン、ホテル [8]
方便 fāngbiàn 形 便利である [3]
房间 fángjiān 名 部屋 [5]
房子 fángzi 名 家屋 [3]
放 fàng 動 置く、入れる [発]
放心 fàng//xīn 動 安心する [5]
飞机 fēijī 名 飛行機 [9]
非常 fēicháng 副 非常に [3]
分 fēn 量 ～分。時刻・時間の単位 [5]
量 分。通貨単位 [8]
分钟 fēnzhōng 量 ～分。時刻・時間の単位 [9]
风 fēng 名 風 [7]
封 fēng 量 ～通。封書などを数える [4]
父亲 fùqin 名 父親 [6]
附近 fùjìn 名 近く [6]

G

干净 gānjìng 形 清潔である [3]
干 gàn 動 する、やる [11]
刚 gāng 副 ～したばかり [3]

刚才	gāngcái	名 さっき	[10]
高	gāo	形 高い	[7]
高兴	gāoxìng	形 うれしい	[3]
告诉	gàosu	動 告げる	[9]
哥哥	gēge	名 兄	[6]
歌	gē	名 歌	[発]
个	ge	量 人や専用の量詞を用いない物を数える	[発] [4]
给	gěi	動 与える	[12]
		介 ～に、受益者を導く	[10]
根	gēn	量 ～本。細長くて短い物を数える	[発]
跟	gēn	介 ～と	[発] [7]
耕	gēng	動 耕す	[発]
工人	gōngrén	名 労働者	[9]
工作	gōngzuò	名 仕事	[5]
		動 働く	[6]
公共汽车	gōnggòngqìchē	名 バス	[9]
公司	gōngsī	名 会社	[2]
公园	gōngyuán	名 公園	[6]
故事	gùshi	名 物語	[10]
刮	guā	動 (風が) 吹く	[7]
关	guān	動 閉める	[11]
关照	guānzhào	動 面倒をみる、世話をする	[1]
贵	guì	形 (値段が) 高い	[4]
贵姓	guìxìng	〈敬〉お名前、ご芳名	[1]
国	guó	名 国	[8]
国籍	guójí	名 国籍	[発]
国际	guójì	名 国際	[発]
过	guo	助 ～したことがある。経験を表す	[10]

H

还	hái	副 ①まだ、やはり	[10]
		②更に、その上	[10]
还	huán	動 返す	[5]
还是	háishi	接 それとも	[7]
孩子	háizi	名 子供	[6]
韩语	Hányǔ	名 韓国語	[発]
寒假	hánjià	名 冬休み	[7]
汉语	Hànyǔ	名 中国語	[発] [2]
汉字	Hànzì	名 漢字	[9]
好	hǎo	形 よい	[発] [2]
好吃	hǎochī	形 (食べて) おいしい	[7]
好喝	hǎohē	形 (飲んで) おいしい	[7]
好久	hǎojiǔ	形 長い間	[2]
好看	hǎokàn	形 美しい	[12]
号	hào	量 ～日、(暦の) 日	[5]
号码	hàomǎ	名 番号	[6]
喝	hē	動 飲む	[発] [1]
和	hé	接 ～と、並列を表す	[6]
黑	hēi	形 ①暗い	[11]
		②黒い	[11]
很	hěn	副 とても	[発] [3]
红	hóng	形 赤い	[11]
红茶	hóngchá	名 紅茶	[7]
后边	hòubian	名 後、後の方	[6]
后面	hòumian	名 後、後の方	[6]
后年	hòunián	名 再来年	[5]
后天	hòutiān	名 あさって	[5]
花	huā	名 花	[発]
		動 使う、費やす	[発]
花茶	huāchá	名 ジャスミンなどの花の香りをつけた茶	[8]
花儿	huār	名 花	[発]
画	huà	動 絵を描く	[発]
画儿	huàr	名 絵	[発]
坏	huài	形 悪い	[2]
还	huán	動 返す	[5]
换	huàn	動 取り替える	[7]
黄	huáng	形 黄色い	[11]
回	huí	動 戻る	[5]
回头	huítóu	しばらく待って、しばらくして。後ほど、後で	[3]
会	huì	助動 (練習の成果で) ～できる	[10] [12]

J

鸡	jī	名 鶏	[発]
鸡蛋	jīdàn	名 鶏卵	[7]
机场	jīchǎng	名 空港	[7]
机会	jīhui	名 機会	[12]
几	jǐ	数 いくつ	[2]
寄	jì	動 郵送する	[11]
家	jiā	名 家	[2]
		量 ～軒。店などを数える	[6]
见	jiàn	動 会う	[発] [2]
件	jiàn	量 ～着、～件。上着類や用件	

		などを数える	[4]
讲	jiǎng	動 話す	[10]
教	jiāo	動 教える	[12]
角	jiǎo	量 角。通貨単位	[8]
饺子	jiǎozi	名 ギョウザ	[3]
叫	jiào	動 (姓名、名は) ～という	[1]
教师	jiàoshī	名 教師	[発]
教室	jiàoshì	名 教室	[発] [6]
接	jiē	動 出迎える	[7]
		動 (電話などを) 受ける	[12]
节	jié	量 ～コマ。授業を数える	[6]
姐姐	jiějie	名 姉	[6]
介绍	jièshào	動 紹介する	[8]
借	jiè	動 借りる	[5]
今年	jīnnián	名 今年	[5]
今天	jīntiān	名 今日	[発] [3]
紧张	jǐnzhāng	形 緊張している	[12]
近	jìn	形 近い	[9]
九	jiǔ	数 9	[発] [4]
酒	jiǔ	名 酒	[発]
旧	jiù	形 古い	[2]
就	jiù	副 すぐ、じきに	[発]
觉得	juéde	動 感じる、思う	[7]

K

咖啡	kāfēi	名 コーヒー	[4]
开	kāi	動 開ける	[11]
开车	kāi//chē	動 (車を) 運転する	[12]
开始	kāishǐ	動 始める	[10]
开学	kāi//xué	動 学校が始まる、始業する	[3]
看	kàn	動 読む、見る	[2]
棵	kē	量 ～本、木や草を数える	[発]
可能	kěnéng	副 ～かもしれない	[7]
可以	kěyǐ	助動 (条件が許して) ～できる。～してもよい	[12]
渴	kě	形 のどが渇いている	[11]
刻	kè	量 15分(間)	[5]
客气	kèqi	形 丁寧である、遠慮深い	[発]
课	kè	名 授業	[発] [6]
		量 (教科書の) 課	[1]
课本	kèběn	名 教科書	[4]
口	kǒu	量 家族を数える	[6]
哭	kū	動 泣く	[12]
苦	kǔ	形 苦い	[11]
裤子	kùzi	名 ズボン	[4]
块	kuài	量 元。通貨単位	[8]
快	kuài	形 (速度が) 速い	[9]
筷子	kuàizi	名 箸	[4]

L

辣	là	形 辛い	[11]
来	lái	動 来る	[3]
蓝	lán	形 あい色、青色	[8]
蓝色	lánsè	名 青色、ブルー	[8]
老	Lǎo	頭 目上の人の名字の前に用い親しみを表す	[2]
老师	lǎoshī	名 先生(教師)	[発]
姥姥	lǎolao	名 (母方の) 祖母	[6]
姥爷	lǎoye	名 (母方の) 祖父	[6]
了	le	助 ①状況の変化や新しい事態の発生を確認する	[発] [10]
		②動作の実現・完了を表す	[発] [10]
累	lèi	形 疲れている	[11]
冷	lěng	形 寒い	[3]
礼物	lǐwù	名 プレゼント	[12]
里	li	名 ～の中	[6]
里边	lǐbian	名 中、中の方	[6]
里面	lǐmian	名 中、中の方	[6]
历史	lìshǐ	名 歴史	[12]
练习	liànxí	動 練習する	[12]
凉快	liángkuai	形 涼しい	[7]
两	liǎng	数 2	[4]
辆	liàng	量 ～台。車を数える	[4]
零	líng	数 ①0	[5]
		②よんで、空位を表す	[5]
留学生	liúxuéshēng	名 留学生	[3]
六	liù	数 6	[発] [4]
楼	lóu	名 階、フロア	[発] [6]
旅行	lǚxíng	動 旅行する	[7]
绿	lǜ	形 緑(の)	[11]
绿茶	lǜchá	名 緑茶	[4]

M

妈	mā	名 母さん、母	[発]
妈妈	māma	名 母さん、母	[6]
麻	má	名 麻	[発]
马	mǎ	名 馬	[発]

语	拼音	意味	課
马上	mǎshàng	副 すぐ	[12]
骂	mà	動 ののしる	[発]
吗	ma	助 疑問の語気を表す	[発] [1]
买	mǎi	動 買う	[2] [7]
卖	mài	動 売る	[2]
慢	màn	形 (速度が) 遅い	[9]
慢慢儿	mànmānr	副 ゆっくりと、急がずに	[9]
慢走	mànzǒu	〈套〉どうぞ気をつけて	[発]
忙	máng	形 忙しい	[3]
猫	māo	名 猫	[4]
毛	máo	量 角。通貨単位	[8]
毛衣	máoyī	名 セーター	[発] [8]
贸易	màoyì	名 貿易	[発]
帽子	màozi	名 帽子	[12]
没关系	méi guānxi	〈套〉かまいません	[発]
没(有)	méi(yǒu)	動 持っていない。ない。いない	[6]
	méi(yǒu)	～ほど～ない	[7]
	méi(you)	副 ～しなかった。～していない	[10]
每天	měitiān	名 毎日	[9]
美国人	Měiguórén	名 アメリカ人	[1]
妹妹	mèimei	名 妹	[6]
门	mén	名 ドア、門	[発] [11]
们	men	尾 たち	[発]
萌	méng	動 芽生える	[発]
米	mǐ	名 メートル	[12]
米饭	mǐfàn	名 ご飯、米の飯、ライス	[7]
面包	miànbāo	名 パン	[4]
面条	miàntiáo	名 麺類	[7]
民	mín	名 民、人民	[発]
名古屋	Mínggǔwū	名 名古屋	[6]
名字	míngzi	名 名前	[1]
明	míng	形 明るい	[発]
明年	míngnián	名 来年	[5]
明天	míngtiān	名 明日	[5]
母亲	mǔqin	名 母親	[6]

N

语	拼音	意味	課
拿	ná	動 (手に) 持つ	[11]
哪	nǎ	代 どの、どれ	[4] [8]
哪个	nǎge	代 どの、どれ	[4]
哪里	nǎli	代 どこ	[6]
哪里 哪里	nǎli nǎli	〈套〉とんでもない	[発]
哪儿	nǎr	代 どこ	[6]
哪些	nǎxiē	代 どれ	[4]
那	nà	代 あの、その、あれ、それ	[4]
		接 それでは、それなら	[3]
那个	nàge	代 あの、その、あれ、それ	[4]
那里	nàli	代 そこ、あそこ	[6]
那么	nàme	代 あのように、そのように	[7]
那儿	nàr	代 そこ、あそこ	[6]
那些	nàxiē	代 あれら(の)、それら(の)	[4]
奶奶	nǎinai	名 (父方の) 祖母	[6]
南边	nánbian	名 南、南の方	[6]
南面	nánmian	名 南、南の方	[6]
呢	ne	助 ～は?(省略疑問)	[1]
		助 持続の語気を表す	[11]
能	néng	助動 (能力・可能性があって) ～できる	[発]
你	nǐ	代 あなた	[発] [1]
你好	nǐ hǎo	〈套〉こんにちは	[発] [1]
你看	nǐ kàn	ほら、ご覧ください	[8]
你们	nǐmen	代 あなたたち	[発] [1]
年	nián	名 年	[発]
年级	niánjí	名 学年	[2]
年纪	niánjì	名 年齢	[6]
念	niàn	動 音読する	[発]
您	nín	代 あなた、"你"の敬称	[発] [1]
您好	nín hǎo	〈套〉こんにちは(初対面、或いは目上の人に使う)	[発]
牛奶	niúnǎi	名 牛乳	[7]
农民	nóngmín	名 農民	[10]
女儿	nǚ'ér	名 娘	[6]
暖和	nuǎnhuo	形 暖かい	[7]
女士	nǚshì	名 女史～さん、女性に対する敬称	[2]

P

语	拼音	意味	課
怕	pà	動 怖がる	[12]
旁边	pángbiān	名 脇、隣、そば	[6]
胖	pàng	形 太っている	[10]
跑	pǎo	動 走る	[発]
朋友	péngyou	名 友達	[2]
啤酒	píjiǔ	名 ビール	[8]
便宜	piányi	形 安い	[4]
票	piào	名 チケット	[発]

漂亮　piàoliang　形 美しい　[8]
苹果　píngguǒ　名 リンゴ　[3]
瓶　píng　量 ～本。瓶に入った物を数える　[4]
婆婆　pópo　名 姑、夫の母　[発]

Q

七　qī　数 七　[発] [4]
妻子　qīzi　名 妻、女房　[6]
骑　qí　動 (またがって)乗る　[発] [9]
起　qǐ　動 起きる、起床する　[9]
起床　qǐ//chuáng　動 起床する　[9]
千　qiān　数 千(の位)　[発] [8]
前边　qiánbian　名 前、前の方　[6]
前面　qiánmian　名 前、前の方　[6]
前年　qiánnián　名 おととし　[5]
前天　qiántiān　名 おととい　[5]
钱　qián　名 お金　[発] [8]
强　qiáng　形 強い　[発]
清楚　qīngchu　形 はっきりしている　[11]
请　qǐng　動 どうぞ(～してください)　[発] [1]
请问　qǐngwèn　〈套〉お尋ねします　[1]
秋天　qiūtiān　名 秋　[10]
去　qù　動 行く　[3]
去年　qùnián　名 去年　[5]
裙子　qúnzi　名 スカート　[9]

R

热　rè　形 暑い　[3]
热闹　rènao　形 にぎやかである　[3]
人　rén　名 人　[6]
认识　rènshi　動 見知る、面識がある　[3]
认真　rènzhēn　形 真面目である、熱心である　[11]
日　rì　量 ～日、日にちを数える　[5]
日本　Rìběn　名 日本　[2]
日本人　Rìběnrén　名 日本人　[1]
日语　Rìyǔ　名 日本語　[2]

S

三　sān　数 3　[発] [4]
伞　sǎn　名 傘　[10]
散步　sàn//bù　動 散歩する　[8]
商店　shāngdiàn　名 店　[4]
商量　shāngliang　動 相談する　[10]
上　shàng　名 時間的に前であることを表す　[5]
　　shang　名 上、上の方　[6]
上班　shàng//bān　動 出勤する　[9]
上边　shàngbian　名 上、上の方　[6]
上海　Shànghǎi　名 上海　[9]
上课　shàng//kè　動 授業が始まる。授業に出る　[11]
上面　shàngmian　名 上、上の方　[6]
上学　shàngxué　動 登校する、通学する　[9]
上午　shàngwǔ　名 午前　[5]
少　shǎo　形 少ない　[1]
谁　shéi　(口語) 代 誰　[4]
　　shuí　代 誰　[4]
什么　shénme　代 何(の)、どんな　[1]
什么时候　shénme shíhou　いつ　[5]
生日　shēngrì　名 誕生日　[5]
诗　shī　名 詩　[発]
十　shí　数 10　[発] [4]
时　shí　名 時　[7]
时候　shíhou　名 時　[7]
时间　shíjiān　名 時間　[10]
食堂　shítáng　名 食堂　[6]
试　shì　動 試す　[8]
事　shì　名 事、用事　[10]
是　shì　動 ～である　[発] [1]
是的　shìde　(肯定の返事)はい、そうです　[1]
收拾　shōushi　動 片づける　[8]
手表　shǒubiǎo　名 腕時計　[発]
手机　shǒujī　名 携帯電話　[6]
瘦　shòu　形 痩せている　[10]
书　shū　名 本　[2]
舒服　shūfu　形 気分がよい。心地よい　[6]
暑假　shǔjià　名 夏休み　[発] [7]
双　shuāng　量 対を成す物を数える　[4]
水　shuǐ　名 水　[発]
水果　shuǐguǒ　名 果物　[発]
水饺　shuǐjiǎo　名 水ギョーザ　[発]
睡(觉)　shuì(//jiào)　動 寝る、眠る　[発] [8]
说　shuō　動 言う、話す　[5]
司机　sījī　名 運転手　[10]
四　sì　数 四　[発] [4]

送	sòng	動 見送る	[7]
		動 贈る、プレゼントする	[12]
宿舍	sùshè	名 寄宿舎	[6]
酸	suān	形 酸っぱい	[11]
岁	suì	名 歳	[6]
岁数	suìshu	名 年齢	[6]

T

他	tā	代 彼	[1]
他们	tāmen	代 彼ら	[1]
她	tā	代 彼女	[1]
她们	tāmen	代 彼女たち	[1]
它	tā	代 それ、あれ	[1]
它们	tāmen	代 それら、あれら	[1]
台	tái	量 機械・設備を数える	[発]
太…了	tài…le	あまりにも、～すぎる	[3]
谈	tán	動 話す、語り合う	[発]
糖	táng	名 ①砂糖②あめ玉	[発]
躺	tǎng	動 横たわる	[12]
趟	tàng	量 ～回。往復する回数を数える	[10]
特别	tèbié	副 特に	[8]
疼	téng	形 痛い	[6]
踢	tī	動 蹴る	[10]
天	tiān	量 ～日、日にちを数える	[9]
		名 天、空、天空	[11]
甜	tián	形 甘い	[3] [11]
条	tiáo	量 ～本。細長くてしなやかな物を数える	[4]
跳舞	tiào//wǔ	動 踊る	[8]
铁	tiě	名 鉄	[発]
听	tīng	動 聞く	[5]
听见	tīng//jiàn	動 聞こえる	[12]
同学	tóngxué	名 同級生	[発] [2]
图书馆	túshūguǎn	名 図書館	[5]
兔子	tùzi	名 うさぎ	[発]

W

袜子	wàzi	名 靴下	[8]
外边	wàibian	名 外、外の方	[6]
外面	wàimian	名 外、外の方	[6]
外语	wàiyǔ	名 外国語	[7]
玩(儿)	wán(r)	動 遊ぶ	[発] [5]
晚	wǎn	形 (時間が) 遅い	[9]
晚上	wǎnshang	名 夜	[発] [5]
碗	wǎn	量 わんに入った物を数える	[10]
万	wàn	数 万 (の位)	[発] [8]
网球	wǎngqiú	名 テニス	[10]
忘	wàng	動 忘れる	[12]
位	wèi	量 敬意を込めて人を数える	[11]
味道	wèidao	名 味	[11]
问	wèn	動 尋ねる	[12]
问题	wèntí	名 質問	[12]
我	wǒ	代 私	[発] [1]
我们	wǒmen	代 私たち	[1]
乌龙茶	wūlóngchá	名 ウーロン茶	[8]
屋	wū	名 家屋、家。部屋	[発]
五	wǔ	数 5	[発] [4]
午饭	wǔfàn	名 昼食	[8]

X

西安	Xī'ān	名 西安	[10]
西边	xībian	名 西、西の方	[6]
西面	xīmian	名 西、西の方	[6]
吸	xī	動 吸う	[発]
洗	xǐ	動 洗う	[8]
洗澡	xǐ//zǎo	動 入浴する	[8]
喜欢	xǐhuan	動 好きだ	[2] [7]
下	xià	名 時間的に後であることを表す	[5]
		動 (雨や雷が) 降る	[7]
下班	xià//bān	動 退勤する	[9]
下边	xiàbian	名 下、下の方	[6]
下课	xià//kè	動 授業が終わる	[11]
下面	xiàmian	名 下、下の方	[6]
下午	xiàwǔ	名 午後	[5]
下星期	xiàxīngqī	名 来週	[発]
下星期二	xiàxīngqī'èr	名 来週の火曜日	[5]
夏天	xiàtiān	名 夏	[10]
先	xiān	副 先に	[発]
先生	xiānsheng	名 ～さん、男性に対する敬称	[2]
咸	xián	形 塩辛い	[11]
现在	xiànzài	名 今、現在	[5]
香	xiāng	形 香りがよい	[発]
香港	Xiānggǎng	名 ホンコン	[6]
香蕉	xiāngjiāo	名 バナナ	[3]

想	xiǎng	動 ①考える、思う	[発] [7]
		助動 ②～したい	[発] [7]
小	xiǎo	形 小さい	[4]
		形 年が若い	[7]
	Xiǎo	頭 目下や同輩の姓の前に用い親しみを表す	[2]
小孩儿	xiǎoháir	名 子供	[9]
小姐	xiǎojiě	名 ～さん、若い女性に対する敬称	[2]
小时	xiǎoshí	名 時間の単位	[9]
小说	xiǎoshuō	名 小説	[2]
小学	xiǎoxué	名 小学校	[11]
笑	xiào	動 笑う	[12]
鞋	xié	名 靴	[発]
写	xiě	動 書く	[発] [9]
谢	xiè	動 感謝する、お礼を言う	[発]
谢谢	xièxie	〈套〉ありがとう	[発]
新	xīn	形 新しい	[2]
信	xìn	名 手紙	[4]
信封	xìnfēng	名 封筒	[4]
星期	xīngqī	名 曜日、週	[5]
星期二	xīngqī'èr	名 火曜日	[5]
星期六	xīngqīliù	名 土曜日	[5]
星期日	xīngqīrì	名 日曜日	[5]
星期三	xīngqīsān	名 水曜日	[5]
星期四	xīngqīsì	名 木曜日	[5]
星期天	xīngqītiān	名 日曜日	[5]
星期五	xīngqīwǔ	名 金曜日	[5]
星期一	xīngqīyī	名 月曜日	[5]
行	xíng	形 よろしい。大丈夫だ	[12]
行李	xíngli	名 (旅行の) 荷物	[7]
姓	xìng	動 (名字は) ～という	[1]
熊猫	xióngmāo	名 パンダ	[2]
休息	xiūxi	動 休憩する	[発] [8]
学	xué	動 学ぶ	[発] [2]
学生	xuésheng	名 学生	[発] [2]
学习	xuéxí	動 勉強する	[発] [5]
学校	xuéxiào	名 学校	[2]
雪	xuě	名 雪	[発]

Y

颜色	yánsè	名 色	[8]
眼睛	yǎnjing	名 目	[発]
眼镜	yǎnjìng	名 メガネ	[発]
腰	yāo	名 腰	[発]
药	yào	名 薬	[発]
要	yào	助動 (意志) ～したい、～するつもりだ	[7]
		動 要る、欲する	[発]
		助動 ①～しなければならない	[12]
		②～する必要がある	[12]
钥匙	yàoshi	名 鍵	[6]
爷爷	yéye	名 (父方の) 祖父	[6]
也	yě	副 ～もまた	[1]
一	yī	数 1	[発]
一点儿	yìdiǎnr	数量 ちょっと (分量)	[8]
一定	yídìng	副 きっと	[発]
一共	yígòng	副 合わせて	[発] [8]
一会儿	yíhuìr	数量 ちょっとの間 (時間)	[8]
一起	yìqǐ	副 一緒に	[発] [5]
一下	yíxià	数量 ちょっと (動作)	[8]
一样	yíyàng	形 同じである	[7]
一月	yīyuè	名 一月	[発]
衣服	yīfu	名 服	[4]
医生	yīshēng	名 医者	[5]
医院	yīyuàn	名 病院	[6]
姨	yí	名 おば	[発]
已经	yǐjīng	副 既に、もう	[10]
以后	yǐhòu	名 今後、その後	[1]
椅子	yǐzi	名 椅子	[4]
音乐	yīnyuè	名 音楽	[5]
银	yín	形 銀色の	[発]
银行	yínháng	名 銀行	[6]
应该	yīnggāi	助動 ～すべきである	[12]
英语	Yīngyǔ	名 英語	[5]
迎	yíng	動 迎える	[発]
用	yòng	動 用いる	[8]
邮局	yóujú	名 郵便局	[11]
邮票	yóupiào	名 切手	[10]
游泳	yóu//yǒng	動 泳ぐ	[12]
有	yǒu	動 ①ある。いる。存在を表す	[発] [6]
		②持っている。所有を表す	[発] [6]
有点儿	yǒudiǎnr	副 (望ましくない事について) 少し	[11]
有空儿	yǒu kòngr	時間がある、暇がある	[11]

有意思	yǒu yìsi	面白い	[3]
又	yòu	[副] また、その上	[発] [10]
右边	yòubian	[名] 右、右の方	[6]
右面	yòumian	[名] 右、右の方	[6]
鱼	yú	[名] 魚	[発]
雨	yǔ	[名] 雨	[7]
元	yuán	[量] 元。通貨単位	[8]
远	yuǎn	[形] 遠い	[9]
愿意	yuànyì	[形動] ～したいと思う	[7]
月	yuè	[名] (暦の) 月	[4] [5]

Z

杂志	zázhì	[名] 雑誌	[2]
在	zài	[動] ある。いる。所在を表す	[6]
		[介] ～で。場所を導く	[6]
		[副] ～している	[11]
再	zài	[副] また、もう一度	[10]
再见	zàijiàn	〈套〉さようなら	[発]
咱们	zánmen	[代] (聞き手も含む) 私たち	[1]
早	zǎo	[形] (時間が) 早い	[発] [9]
早上	zǎoshang	[名] 朝	[発] [9]
怎么	zěnme	[代] ①どのように、どうですか	[9]
		②どうして、なぜ	[9]
怎么样	zěnmeyàng	[代] どのような、どのように、どうですか	[3]
站	zhàn	[動] 立つ	[11]
张	zhāng	[量] ～枚。平たい物や平面を持つ物を数える	[4]
着急	zháo//jí	[動] 焦る、いらだつ	[12]
找	zhǎo	[動] 探す、捜す	[11]
照片	zhàopiàn	[名] 写真	[11]
照相	zhào//xiàng	[動] 写真を撮る	[11]
这	zhè	[代] この、これ	[2] [4]
这儿	zhèr	[代] ここ	[発] [6]
这个	zhège	[代] この、これ	[4]
这里	zhèli	[代] ここ	[6]
这么	zhème	[代] このように	[7]
这些	zhèxiē	[代] これら (の)	[4]
着	zhe	[助] ～している。持続を表す	[11]
真	zhēn	[副] 本当に、実に	[3]
正好	zhènghǎo	[副] ちょうど	[11]
正在	zhèngzài	[副] ～している	[11]
枝	zhī	[量] ～本。棒状の短い物を数える	[4]
只	zhī	[量] ～匹。動物を数える	[4]
知	zhī	[動] 知る	[発]
知道	zhīdao	[動] 知っている	[5]
只	zhǐ	[副] ただ～だけ	[12]
中国	Zhōngguó	[名] 中国	[2]
中国人	Zhōngguórén	[名] 中国人	[1]
中文	Zhōngwén	[名] 中国語	[2]
钟	zhōng	[名] 時間の単位	[5]
钟头	zhōngtou	[名] 時間の単位	[9]
住	zhù	[動] 住む、泊まる	[6]
准备	zhǔnbèi	[動] 準備する、用意する	[10]
桌子	zhuōzi	[名] テーブル、机	[6]
字	zì	[名] 字	[発]
字典	zìdiǎn	[名] 字引	[6]
自行车	zìxíngchē	[名] 自転車	[9]
走	zǒu	[動] ①歩く	[発] [11]
		②出かける、立ち去る	[発]
足球	zúqiú	[名] サッカー	[10]
最	zuì	[名] 最も	[9]
最近	zuìjìn	[名] 最近	[3]
昨天	zuótiān	[名] 昨日	[5]
左边	zuǒbian	[名] 左、左の方	[6]
左面	zuǒmian	[名] 左、左の方	[6]
坐	zuò	[動] (乗り物に) 乗る	[9]
		[動] 座る	[11]
做	zuò	[動] する、やる	[5]
作业	zuòyè	[名] 宿題	[11]

[名] 名詞　[代] 代詞　[数] 数詞　[量] 量詞
[動] 動詞　[助動] 助動詞　[形] 形容詞　[介] 介詞
[副] 副詞　[接] 接続詞　[助] 助詞　[感] 感動詞
[数量] 数量詞　[頭] 接頭辞　[尾] 接尾辞
// 他の成分が挿入されるところに付す

1. 量詞

量詞 -1	名詞		
bǎ 把 （～本、～丁、～脚、柄や握りのあるものを数える）	sǎn 伞（傘）	yàoshi 钥匙（鍵）	yǐzi 椅子（椅子）
bēi 杯 （～杯、カップに入ったものを数える）	jiǔ 酒（酒）	píjiǔ 啤酒（ビール）	
	chá 茶（お茶）	hóngchá 红茶（紅茶）	kāfēi 咖啡（コーヒー）
	niúnǎi 牛奶（牛乳）	shuǐ 水（水）	kāishuǐ 开水（湯）
běn 本 （～冊、書籍類を数える）	běnzi 本子（ノート）	kèběn 课本（テキスト）	shū 书（本）
	cídiǎn 词典（辞書）	cídiǎn 辞典（辞書）	zìdiǎn 字典（字引）
	xiǎoshuō 小说（小説）	zázhì 杂志（雑誌）	
fēng 封 （～通、封書などを数える）	xìn 信（手紙）		
gēn 根 （～本、細長くて短い物を数える）	tóufa 头发（頭髪）	xiāngjiāo 香蕉（バナナ）	

量詞 -2	名詞		
ge 个 （人や専用の量詞を用いないものを数える）	bànfǎ 办法（方法）	bāo 包（鞄）	qiánbāo 钱包（財布）
	shǒujī 手机（携帯電話）	zhōng 钟（時計）	
	wèntí 问题（問題）	gùshi 故事（物語）	
	guójiā 国家（国）	jiā 家（家庭）	gōngyuán 公园（公園）
	jiàoshì 教室（教室）	túshūguǎn 图书馆（図書館）	yóujú 邮局（郵便局）
	yuànzi 院子（庭）	Hànzì 汉字（漢字）	zì 字（字）
	jiérì 节日（祝祭日）	xìnfēng 信封（封筒）	yuèliang 月亮（〈天体の〉月）
	jīhui 机会（機会）	wǎngqiú 网球（テニス）	zúqiú 足球（サッカー）
	háizi 孩子（子供）	rén 人（人）	péngyou 朋友（友達）
	jiějie 姐姐（姉）	xuéshēng 学生（学生）	
	bēizi 杯子（コップ、グラス）	xīgua 西瓜（スイカ）	miànbāo 面包（パン）
	jīdàn 鸡蛋（鶏卵）	jiǎozi 饺子（ギョーザ）	
jiā 家 （〜軒、店などを数える）	shāngdiàn 商店（店）	chāoshì 超市（スーパー）	gōngsī 公司（会社）
	fàndiàn 饭店（レストラン）	yīyuàn 医院（病院）	yínháng 银行（銀行）
jiàn 件 （〜着、〜件、上着類や用件などを数える）	yīfu 衣服（服）	chènshān 衬衫（ワイシャツ、ブラウス）	dàyī 大衣（コート）
	máoyī 毛衣（セーター）	lǐwù 礼物（プレゼント）	shì 事（事）
	xíngli 行李（荷物）		
jié 节 （〜コマ、授業を数える）	kè 课（授業）		

量詞 -3	名詞
kē **棵** （～本、木や草を数える）	cǎo 草（草） shù 树（木、樹木）
kǒu **口** （家族や豚を数える）	rén 人（人） zhū 猪（豚）
kuài **块** （塊状のものを数える）	ròu 肉（肉） shǒubiǎo 手表（腕時計）
liàng **辆** （～台、車を数える）	diànchē 电车（電車） qìchē 汽车（自動車） zìxíngchē 自行车（自転車）
píng **瓶** （～本、瓶に入っているものを数える）	hóngchá 红茶（紅茶） lǜchá 绿茶（緑茶） wūlóngchá 乌龙茶（ウーロン茶） jiǔ 酒（酒） kělè 可乐（コーラ） yào 药（薬）
shuāng **双** （～組、～膳、～足、対をなすものを数える）	ěrduo 耳朵（耳） jiǎo 脚（足） shǒu 手（手） yǎnjing 眼睛（目） kuàizi 筷子（箸） wàzi 袜子（靴下） xié（zi） 鞋（子）（靴）
tái **台** （～台、機械などを数える）	diànnǎo 电脑（パソコン） diànhuà 电话（電話） diànshì 电视（テレビ）
tiáo **条** （～本、細長くてしなやかなものを数える）	hé 河（川） tuǐ 腿（足。くるぶしから上） gǒu 狗（犬） yú 鱼（魚） kùzi 裤子（ズボン） qúnzi 裙子（スカート） máojīn 毛巾（タオル） yān 烟（タバコ〈カートン〉）

量詞 -4	名詞
wǎn **碗** （～碗、碗に入っているものを数える）	(mǐ) fàn (米)饭（ご飯） diǎnxin 点心（菓子、おやつ） miàntiáo 面条（めん類） tāng 汤（スープ）
wèi **位** （～人、～名、敬意を込めて人を数える）	kèren 客人（お客） lǎoshī 老师（先生、教師） yīshēng/dàifu 医生 / 大夫（医者） nǚshì 女士（様〈既婚の女性、または女性に対する一般的な敬称〉） xiǎojie 小姐（様〈未婚の女性〉） xiānsheng 先生（様〈男性に対する敬称〉）
zhāng **张** （～枚、平たいものや平面を持つものを数える）	bàozhǐ 报纸（新聞） dìtú 地图（地図） huàr 画儿（絵） míngxìnpiàn 明信片（はがき） zhàopiàn 照片（写真） zhǐ 纸（紙） chēpiào 车票（乗車券） diànyǐngpiào 电影票（映画切符） jīpiào 机票（航空券） yóupiào 邮票（切手） chuáng 床（ベッド） zhuōzi 桌子（テーブル）
zhī **只** （～匹、小動物や、対の片方を数える）	gǒu 狗（犬） jī 鸡（鶏） māo 猫（猫） niǎo 鸟（鳥） xióngmāo 熊猫（パンダ） yā 鸭（アヒル） píngguǒ 苹果（リンゴ） jiǎo 脚（足） yáng 羊（羊） shǒu 手（手〈片方〉） wǎn 碗（茶碗）
zhī **枝** （～本、花〈枝単位〉や細い棒状のものを数える）	bǐ 笔（ペン、筆記具） gāngbǐ 钢笔（万年筆） huā 花（花） yān 烟（タバコ〈本〉）

2. 反義語

bǎo è 饱 ⇔ 饿 （満腹な⇔空腹な）	pàng shòu 胖 ⇔ 瘦 （肥えた⇔痩せた）
cháng duǎn 长 ⇔ 短 （長い⇔短い）	piányi guì 便宜 ⇔ 贵 （安い⇔高い）
cū xì 粗 ⇔ 细 （太い⇔細い）	qián hòu 前 ⇔ 后 （前⇔後）
dà xiǎo 大 ⇔ 小 （大きい⇔小さい）	qīng zhòng 轻 ⇔ 重 （軽い⇔重い）
duì cuò 对 ⇔ 错 （正しい⇔間違い）	rè lěng 热 ⇔ 冷 （熱い⇔寒い）
duō shǎo 多 ⇔ 少 （多い⇔少ない）	róngyi kùnnan 容易 ⇔ 困难 （易しい⇔難しい）
gāo ǎi 高 ⇔ 矮 （高い⇔低い〈身長〉）	shàng xià 上 ⇔ 下 （上⇔下）
gāo dī 高 ⇔ 低 （高い⇔低い〈身長以外〉）	shēn qiǎn 深 ⇔ 浅 （深い⇔浅い）
hǎo huài 好 ⇔ 坏 （いい⇔悪い）	xīn jiù 新 ⇔ 旧 （新しい⇔古い）
jìn yuǎn 近 ⇔ 远 （近い⇔遠い）	zǎo wǎn 早 ⇔ 晚 （〈時間が〉早い⇔〈時間が〉遅い）
kuài màn 快 ⇔ 慢 （速い⇔遅い）	zuǒ yòu 左 ⇔ 右 （左⇔右）

【著者紹介】
虞　萍（ぐ　へい）
学術博士（2005年，名古屋大学）。南山大学語学講師。

主要著書

『冰心論集（三）』海峡文芸出版社、2004 年（共著）
『我自己走過的路』人民文学出版社、2007 年（共訳）
『冰心文選　佚文巻』福建教育出版社、2008 年（共訳）
『中国内外政治と相互依存』日本評論社、2008 年（共訳）
『冰心論集（四）』（下）海峡文芸出版社、2009 年（共著）
『冰心研究―女性・死・結婚』汲古書院、2010 年（単著）
『冰心論集（2012）』（「冰心研究叢書」）上海交通大学出版社、2013 年（共著）
『確実に上達する　中国語Ⅰ』（中国語検定 4 級対策）あるむ、2014 年（共著）
『確実に上達する　中国語Ⅱ』（中国語検定 3 級対策）あるむ、2014 年（共著）
『好きです！中国語：花子の HSK2 級チャレンジ』中国書店、2014 年（共著）
『楽々上海語（中国語共通語対照）』中国書店、2015 年（共著）
『必携中国語会話（日本語訳付）』中国書店、2016 年（単著）
『みんなで学ぼう！中国語』中国書店、2017 年（単著）
『冰心論集（2016）』（下）海峡文芸出版社、2017 年（共著）

ペアで学ぼう！中国語
（中国語検定準 4 級対応）

検印省略

© 2018 年 4 月　1 日　第 1 版　発行
2024 年 3 月 31 日　第 5 刷　発行

著　者　虞　萍

音声吹込　凌　慶　成
李　洵

発行者　原　雅　久
発行所　株式会社　朝　日　出　版　社
〒 101-0065　東京都千代田区西神田 3-3-5
電話（03）3239-0271・72（直通）
振替口座　東京　00140-2-46008
組版　欧友社
印刷　図書印刷
http://www.asahipress.com

乱丁、落丁本はお取り替えいたします。
ISBN978-4-255-45308-8　C1087